京華通覽

大运河文化带

主编/段柄仁

什刹海

赵林/编著

北京出版集团公司
北 京 出 版 社

图书在版编目（CIP）数据

什刹海 / 赵林编著. — 北京 ：北京出版社，2018.3
（京华通览）
ISBN 978-7-200-13425-4

Ⅰ. ①什… Ⅱ. ①赵… Ⅲ. ①名胜古迹—介绍—北京 Ⅳ. ①K928.701.3

中国版本图书馆CIP数据核字（2017）第266361号

出版人 曲 仲
策 划 安 东 于 虹
项目统筹 孙 菁 董拯民
责任编辑 孙 菁 刘 美
封面设计 田 晗
版式设计 云伊若水
责任印制 燕雨萌

什刹海
SHICHAHAI
赵林 编著
*
北京出版集团公司
北 京 出 版 社 出版
（北京北三环中路6号）
邮政编码：100120
网 址：www.bph.com.cn
北京出版集团公司总发行
新 华 书 店 经 销
天津画中画印刷有限公司印刷
*
880毫米×1230毫米 32开本 7.5印张 148千字
2018年3月第1版 2022年11月第3次印刷
ISBN 978-7-200-13425-4
定价：45.00元

如有印装质量问题，由本社负责调换

质量监督电话：010-58572393

《京华通览》编纂委员会

《京华通览》编辑部

序

PREFACE

擦亮北京“金名片”

段柄仁

北京是中华民族的一张“金名片”。“金”在何处？可以用四句话描述：历史悠久、山河壮美、文化璀璨、地位独特。

展开一点说，这个区域在 70 万年前就有远古人类生存聚集，是一处人类发祥之地。据考古发掘，在房山区周口店一带，出土远古居民的头盖骨，被定名为“北京人”。这个区域也是人类都市文明发育较早，影响广泛深远之地。据历史记载，早在 3000 年前，就形成了燕、蓟两个方国之都，之后又多次作为诸侯国都、割据势力之都；元代作为全国政治中心，修筑了雄伟壮丽、举世瞩目的元大都；明代以此为基础进行了改造重建，形成了今天北京城的大格局；清代仍以此为首都。北京作为大都会，其文明引领全国，影响世界，被国外专家称为“世界奇观”“在地球表面上，人类最伟大的个体工程”。

北京人文的久远历史，生生不息的发展，与其山河壮美、宜生宜长的自然环境紧密相连。她坐落在华北大平原北缘，“左环沧海，右拥太行，南襟河济，北枕居庸”“龙蟠虎踞，形势雄伟，南控江淮，北连朔漠”，是我国三大地理单元——华北大平原、东北大平原、内蒙古高原的交会之处，是南北通衢的纽带，东西连接的龙头，东北亚环渤海地区的中心。这块得天独厚的地域，不仅极具区位优势，而且环境宜人，气候温和，四季分明。在高山峻岭之下，有广阔的丘陵、缓坡和平川沃土，永定河、潮白河、拒马河、温榆河和蓟运河五大水系纵横交错，如血脉遍布大地，使其顺理成章地成为人类祖居、中华帝都、中华人民共和国首都。

这块风水宝地和久远的人文历史，催生并积聚了令人垂羡的灿烂文化。文物古迹星罗棋布，不少是人类文明的顶尖之作，已有 1000 余项被确定为文物保护单位。周口店遗址、明清皇宫、八达岭长城、天坛、颐和园、明清帝王陵和大运河被列入世界文化遗产名录，60 余项被列为全国重点文物保护单位，220 余项被列为市级文物保护单位，40 片历史文化街区，加上环绕城市核心区的大运河文化带、长城文化带、西山永定河文化带和诸多的历史建筑、名镇名村、非物质文化遗产，以及数万种留存至今的历史典籍、志鉴档册、文物文化资料，《红楼梦》、“京剧”等文学艺术明珠，早已成为传承历史文明、启迪人们智慧、滋养人们心灵的瑰宝。

中华人民共和国成立后，北京发生了深刻的变化。作为国家首都的独特地位，使这座古老的城市，成为全国现代化建设的领头雁。新的《北京城市总体规划（2016年—2035年）》的制定和中共中央、国务院的批复，确定了北京是全国政治中心、文化中心、国际交往中心、科技创新中心的性质和建设国际一流的和谐宜居之都的目标，大大增加了这张“金名片”的含金量。

伴随国际局势的深刻变化，世界经济重心已逐步向亚太地区转移，而亚太地区发展最快的是东北亚的环渤海地区、这块地区的京津冀地区，而北京正是这个地区的核心，建设以北京为核心的世界级城市群，已被列入实现“两个一百年”奋斗目标、中国梦的国家战略。这就又把北京推向了中国特色社会主义新时代谱写现代化新征程壮丽篇章的引领示范地位，也预示了这块热土必将更加辉煌的前景。

北京这张“金名片”，如何精心保护，细心擦拭，全面展示其风貌，尽力挖掘其能量，使之永续发展，永放光彩并更加明亮？这是摆在北京人面前的一项历史性使命，一项应自觉承担且不可替代的职责，需要做整体性、多方面的努力。但保护、擦拭、展示、挖掘的前提是对它的全面认识，只有认识，才会珍惜，才能热爱，才可能尽心尽力、尽职尽责，创造性完成这项释能放光的事业。而解决认识问题，必须做大量的基础文化建设和知识普及工作。近些年北京市有关部门在这方面做了大量工作，先后出版了《北京通史》（10卷本）、《北京百科全书》（20卷本），各类志书近900种，以及多种年鉴、专著和资料汇编，等等，为擦亮北京这张“金名片”做了可贵的基础性贡献。但是这些著述，大多是服务于专业单位、党政领导部门和教学科研人员。如何使其承载的知识进一步普及化、大众化，出版面向更大范围的群众的读物，是当前急需弥补的弱项。为此我们启动了“京华通览”系列丛书的编写，采取简约、通俗、方便阅读的方法，从有关北京历史文化的大量书籍资料中，特别是卷帙浩繁的地方志书中，精选当前广大群众需要的知识，尽可能满足北京人以及关注北京的国内外朋友进一步了解北京的历史与现状、性质与功能、特点与亮点的需求，以达到“知北京、爱北京，合力共建美好北京”的目的。

这套丛书的内容紧紧围绕北京是全国的政治、文化、国际交往和科技创新四个中心，涵盖北京的自然环境、经济、政治、文化、社会等各方面的知识，但重点是北京的深厚灿烂的文化。突出安排了“历史文化名城”“西山永定河文化带”“大运河文化带”“长城文化带”四个系列内容。资料大部分是取自新编北京志并进行压缩、修订、补充、改编。也有从已出版的北京历史文化读物中优选改编和针对一些重要内容弥补缺失而专门组织的创作。作品的作者大多是在北京志书编纂中捉刀实干的骨干人物和在北京史志领域著述颇丰的知名专家。尹钧科、谭烈飞、吴文涛、张宝章、郗志群、姚安、马建农、王之鸿等，都有作品奉献。从这个意义上说，这套丛书中，不少作品也可称“大家小书”。

总之，擦亮北京“金名片”，就是使蕴藏于文明古都丰富多彩的优秀历史文化活起来，使充满时代精神和首都特色的社会主义创新文化强起来，进一步展现其真善美，释放其精气神，提高其含金量。

2017 年 11 月

目录

CONTENTS

形成演变

什刹海曾是永定河故道。随着永定河河道的逐渐向南摆动，至东汉以后，水流迁于蓟城以南。原经蓟城北的所谓“三海大河”故道遂废，后积存高粱河水，形成湖泊。金代时称为白莲潭，元代称海子、积水潭。元大都城是在紧傍积水潭东岸设定了中轴线，并以积水潭东西之距作为全城宽度之半数而营建的；水利科学家郭守敬又引西山泉水入城汇流积水潭，开凿通惠河，使积水潭成为大运河的漕运终点码头，繁盛一时。元时，将今北海、中海圈入皇城，把海子截断，一分为二；从此，今北海、中海成为皇家苑囿，与今什刹海衍生着不同的命运轨迹。明、清北京城的中轴线，依然是元代所确定的中轴线。明代该处水域有积水潭、后湖、莲花池、什刹海等名称。清代，按水流方向，分别称为积水潭、什刹海后海和什刹海前海；什刹海前海筑堤，将什刹海前海分成两片水域。民国时，什刹海名称定型，按顺序称西海、后海、前海和西小海。中华人民共和国成立后，什刹海得到全面治理。“文化大革命”期间，什刹海遭到不同程度的破坏；西小海被填平，改建为什刹海体育馆；明代被隔于德胜门外的水域（后被命名为太平湖），在修建地铁时填垫。改革开放以后，政府再次对什刹海进行了大规模的整治，使什刹海的景致越来越美，成为人民喜爱的公园。

从上述形成演变的历程中，我们可以看到：永定河可称得上是北京的母亲河，什刹海是北京城的一串明珠。

永定河故道

什刹海的形成，从水系上说，它最早是永定河故道。

永定河，在历史上曾有浴水、治水、㶟水、湿水、桑干河、卢沟河、无定河、浑河、小黄河等多个名称。到清康熙三十七年（1698 年），卢沟桥以下河两岸修筑堤防后，由康熙帝赐名为永定河，沿用至今。

永定河的源流主要是山西省宁武县的桑干河与内蒙古自治区兴和县的洋河。两条水源汇合后，自北京门头沟区流入北京地界，在流至靠近北京石景山区北界的三家店时出山。

据古籍记载，在史前时期，出山后的古永定河，曾在今昆明湖与北京城之间漫流到清河并注入温榆河。也有的研究者认为，古永定河在史前时期的漫流中，也有水流经过今北京城区，汛期时可能性更大。

两汉到隋代，古永定河河道向南摆动，河道穿行于北京城。此时称为“三海大河”，即今日什刹海水域。

至辽、金时，古永定河河道继续向南摆动至蓟城以南。金明昌朝，卢沟桥建成。

为了保障北京安全，元、明、清各代均加强了修筑河堤等人为因素，而使河道向南摆动。

高梁水积成湖

据《水经注·鲍邱水》记载："鲍邱水入潞（今通州区），通得潞河之称矣。高梁水注之。水首受㶟水于戾陵堰，水北有梁山（今石景山），山有燕刺王旦之陵，故以戾陵名堰。水自堰枝分，东经梁山南，又东北经刘靖碑北……又东南流经蓟县北，又东至潞县，注于鲍邱水（今潮白河上游支流潮河之称谓）。"

高梁河，又名高良河、高梁水。在古永定河河道向南摆动的过程中，高梁河与古永定河曾是同一河道。20 世纪 90 年代，在白石桥西侧铺设地下管道时，发现河砂、卵石及厚约七八米的黑色淤泥，据此，高梁河水道是古永定河故道之说并不是无根据的。直到古永定河迁流至蓟城南，高梁河方与古永定河分开。分开后的高梁河，其上游水道有两条：一条是连通古永定河的人工渠道，即曹魏嘉平二年（250 年），征北将军刘靖修戾陵堰、开车厢渠，开挖了高梁河西段水道，引永定河水灌溉蓟城北、东农田；另一条是源于"蓟西北平地泉（今紫竹院处）"的天然河道。两条河道在今白石桥附近汇合，东流至德胜门一带，称为东段。此后，水流又分为两支：一支是南行的"三海大河"（后称萧太后河）入湿水，另一支东行经今坝河入温榆河。后来，由于流向东南的高梁河堙塞，水量较小的高梁河水在古永定河遗留下的宽阔河谷

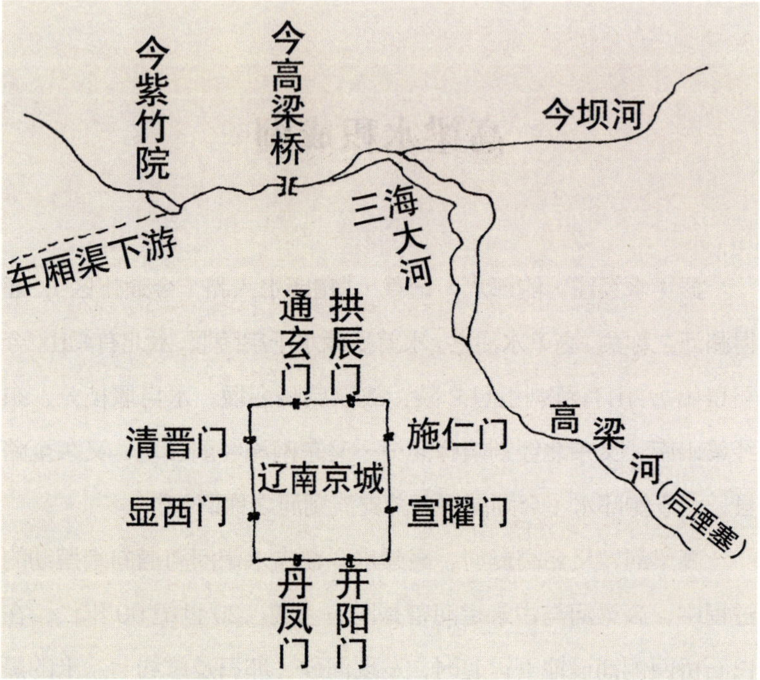

辽时三海大河成湖示意图

洼地逐渐积存形成湖泊。

据《宋史·宋琪传》记载，端拱二年（989年），宋欲兴师进攻辽南京，燕人宋琪呈献利用高梁河一带湖泊构成一道阻隔辽方援兵防线以利宋军攻燕京城之策。“桑干河水属燕城北隅，西壁而转，大军如至城下，于燕丹陵西北，衡堰此水，灌入高梁河，高梁岸狭，桑水必溢，可以驻跸寺东引入郊亭之淀，三五日弥漫百余里即幽州隔在水南，王师可于州北系浮梁以通北路，贼骑来援已隔水矣”。谙熟燕京地理形势的宋琪所献此策，说明当时的什刹海一带已是浩瀚的湖泊了。

金代的白莲潭

据《金史·河渠志》记载："金迁都于燕，东去潞水五十里，故为闸以节高良河、白莲潭诸水，以通山东、河北之粟。"此处所说白莲潭，即上文所述古永定河故道"三海大河"段积存高梁水后所形成水泊的命名。这一名称是见诸史籍记载的最早的名称，当系水泊中盛长白莲而得名。

金代对白莲潭水域的开发，主要体现在以下三个功能：

第一,灌溉农田。即《金史·食货志》记载的"放白莲潭东闸(今后门桥处)水与百姓溉田"。以及有关研究文章所说"开挑'海子'……流泉溉田，岁获稻万斛"。

第二，营建离宫。据《金史》记载，金大定六年（1166 年）开始在白莲潭中南部（今北海处）大兴土木营建皇家离宫，于金大定十九年（1179 年）建成太宁宫,宫有琼华岛。太宁宫的兴建，正是利用了优越的地理条件和白莲潭水域的优美风光。

第三，开发漕运。据《金史·河渠志》记载：金大定四年（1164 年）是改燕京为中都后的第十二年，世宗令"宜悉力使漕渠通也"。第二年便浚治金漕渠(亦作漕河)。金大定十一年(1171 年）十二月始，仅用 50 天，开凿成金口河，但因"地势高峻，水性浑浊，峻则奔流漩洄，啮岸善崩；浊则泥淖淤塞，积滓成浅，不能胜舟”而失败。至金泰和五年（1205 年），章宗“至霸州，以漕河浅涩故，敕尚书省发山东、河北、河东、中都、北京军夫六千，改凿之”。所改凿之中都至通州运河，就是闸河。水源改用白莲潭所贮之清水。据《北京城区全新世埋藏河湖沟坑分布图》所绘，在白莲潭西北部（今西海、后海处），开挖出一条河渠向偏西南直通金中都城北护城河。该河渠自白莲潭西北部出口后，流入今西直门内大街上旧有的“横桥（亦称红桥）”下的渠道。

这条河道向南沿旧日大明濠（有河漕之名）至今闹市口街北

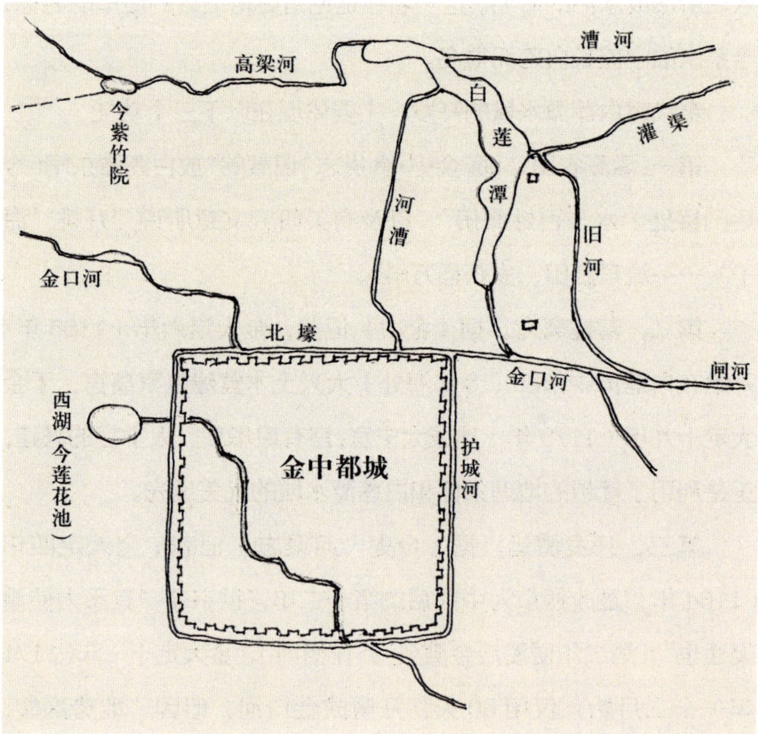

金代的白莲潭示意图

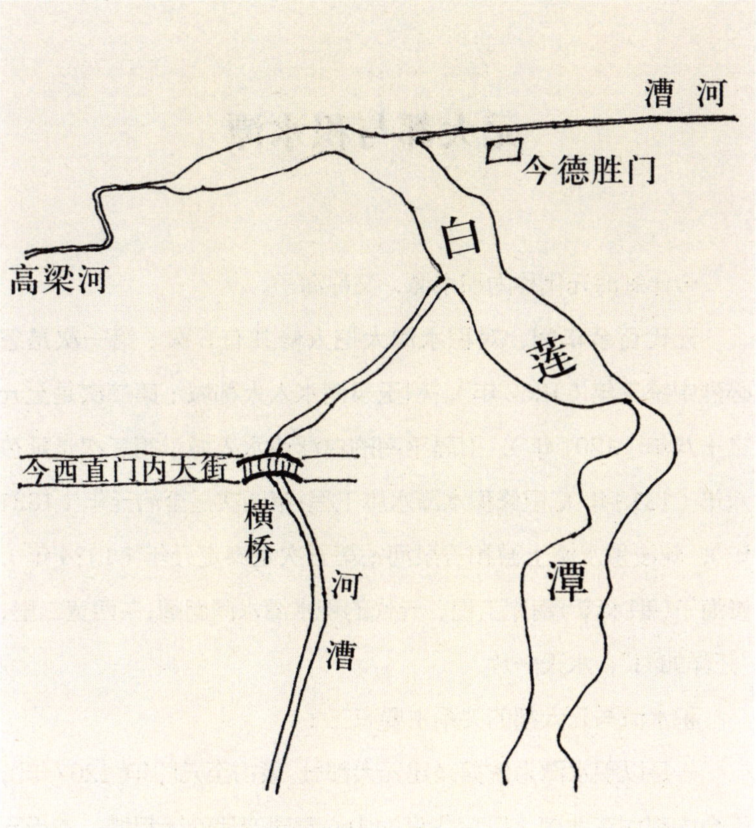

由白莲潭经西直门内横桥的引水渠

口转东，再曲折至察院胡同口，南折入今民族宫南，至受水河胡同西口，然后注入金中都光泰门处的北城濠。通过这条水道，可以将运抵白莲潭的漕粮转运至中都城内。白莲潭就成为供水、调节水库和泊船的区域，并成为金中都的漕运码头，使每年所担负的几十万乃至上百万石的漕运任务得以完成。

元大都与积水潭

今什刹海元代称为积水潭，又称海子。

元代百余年间，对积水潭大挖大修共有 5 次：第一次是忽必烈中统三年（1262 年），引玉泉诸水入大都城；第二次是至元二十八年（1291 年），引昌平南的白浮诸水入城；第三次是延祐六年（1319 年），重修积水潭水岸工程；第四次是至治元年（1321 年），疏浚积水潭上游和玉泉河；第五次是泰定元年（1324 年），修海子（积水潭）南岸工程。元代的积水潭水深面阔，东西宽二里，“汪洋如海”，水天一片。

积水潭与元大都的关系主要有三：

一是以积水潭为依据兴建元大都城。蒙古至元四年（1267 年），于金中都城东北郊，以琼华岛为中心营建宏伟的大都城。关于元大都的建设，侯仁之先生在《北京历代城市建设中的河湖水系及其利用》一文中说：“从大都城的整体规划来分析，控制其平面布局的决定因素……是太宁宫以北那一段高梁河上的积水潭。整个大都城在平面设计上的中轴线，正是紧傍积水潭的东岸才确定下来的。中轴线的起点，即在积水潭的东北岸上，也就是全城设计的几何中心，就地筑有‘中心台’作为标志。”“根据已复原的大都城平面图进行分析，十分明显的是大都城西墙的位置，刚好

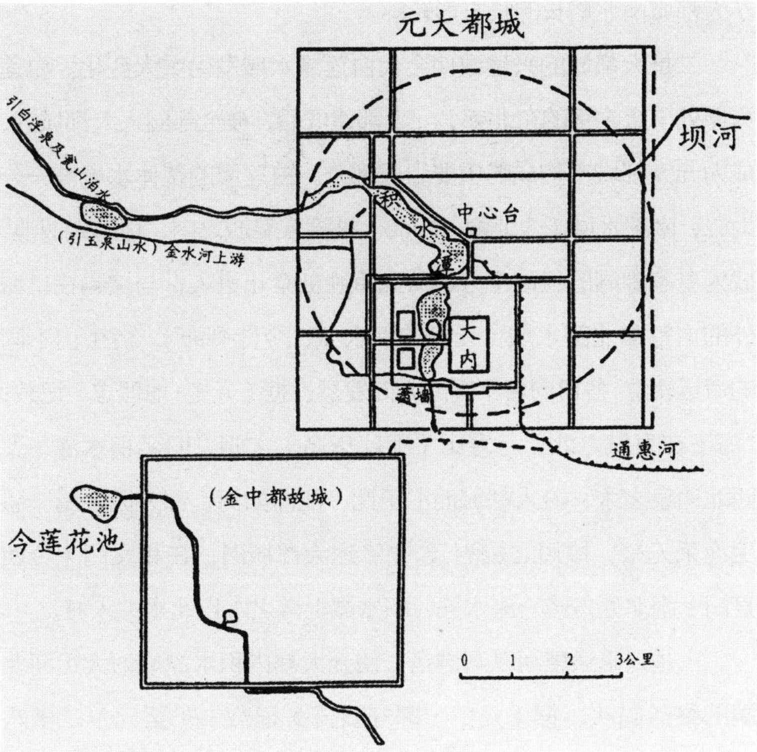

元大都与积水潭、金中都城平面图

在积水潭西岸以外，其间仅容一条顺城街的宽度。紧傍积水潭的东岸，又已确定为全城的南北中轴线。这就说明这积水潭东西两岸之间的宽度稍加延长，便是全城宽度的一半，也就是说，东城墙也应该建筑在这同一宽度的地址上，只是由于当时现场上可能有沼泽洼地或其他不利因素，其位置不得不稍向内移……至于南北两面城墙的位置，则是根据先前已确定的全城几何中心，沿中轴线向南，在皇城南墙与旧中都城北墙之间的适当地点，选定南墙的位置，然后以同等的距离，选定北城墙的位置。结果就构成了大都城南北略长的长方形轮廓”。

二是大都城的兴建致使金代白莲潭水域发生重大变化。白莲潭原处于金中都的东北郊，元大都建成后，被全部圈入大都城内，成为元大都城市构成的重要组成部分。白莲潭的整体水域被一分为二，南部水域（今北海、中海）被圈入皇城之内，称为太液池，成为皇家御园的组成部分，从此百姓被禁止进入，与被隔在皇城外的白莲潭北部水域（元代的积水潭、今什刹海），衍生出不同的命运轨迹,各自向着不同的方向发展。据《元史·地理志》记载：“海子在皇城之北、万寿山（即琼华岛）之阴，旧名积水潭，聚西北诸泉之水，流入都城而汇于此，汪洋如海，都人因名焉。恣民渔采无禁，拟周之灵沼云。”修建大都城时，在和义门（今西直门）南北处各修一座水关，积水潭上游之水自北水关入城。

三是兴修通惠河以利漕运，使元大都内积水潭成为大运河北端的终点码头。据《元史·郭守敬传》记载：“（至元）二十八年（1291年）……守敬因陈水利十有一事。其一，大都运粮河，不用一亩旧源,别引北山白浮泉水西折而南,经瓮山泊（今昆明湖）自西水门入城，环汇于积水潭，复东折而南出南水门，合入旧运粮河。每十里置一闸，比至通州，凡为闸七，距闸里许，上置斗门，互为提阏，以过舟止水。帝（元世祖忽必烈）览奏，喜曰：‘当速行之。’于是复置都水监，俾守敬领之。帝命丞相以下皆亲操畚锸倡工，待守敬指授而后行事。”至元三十年（1293年）秋告成，计用二百八十五万工、楮币百五十二万锭、粮三万八千七百石。是年，“帝还自上都，过积水潭，见舳舻蔽水，大悦，名曰通惠河，

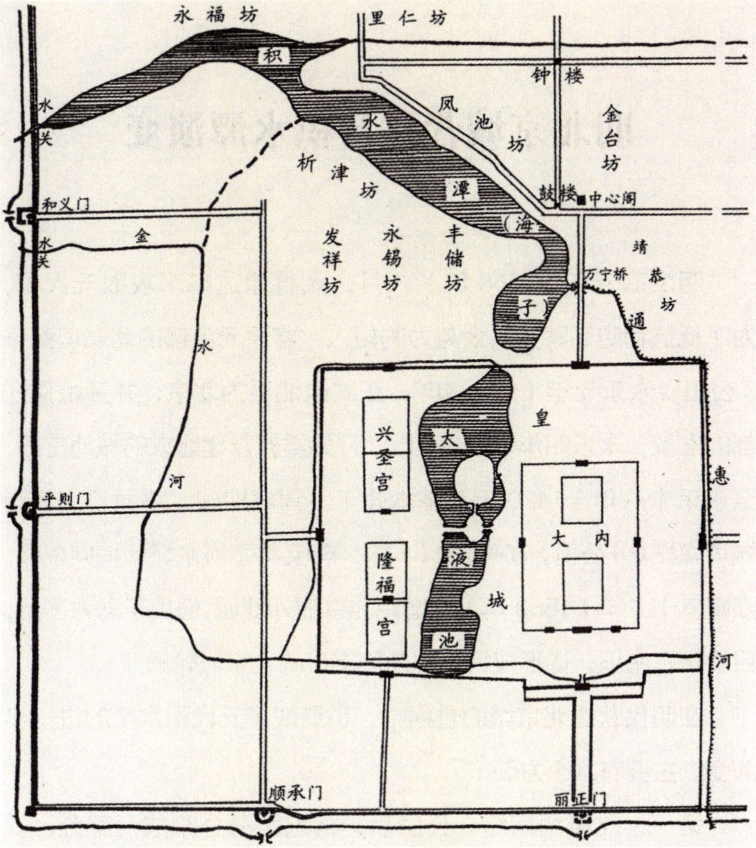

元代积水潭示意图

赐守敬钞万二千五百贯”。通惠河的修通，使积水潭上游的水源大大开拓的同时，又使积水潭下游水道畅通并延长，使大都城内的积水潭与南北大运河连通一气，成为大运河北端的终点码头，从而获得了空前的漕运效益。明代劳宗茂曾作诗赞此舟楫之便说：“莫谓盈盈衣带水，胜他多少犊轮辛。”

明北京城营建与积水潭演变

明洪武元年（1368 年）八月，大将徐达率军攻取元大都。为了抵抗和防御蒙元残余势力的侵入，将原元大都的北城垣南移 3 公里。永乐元年（1403 年），正式改北平为北京，并开始作迁都的准备。永乐四年（1406 年），开始重新营建北京的城池宫殿，至永乐十八年（1420 年）基本竣工。营建期间，将原元大都南城垣南移 0.8 公里。宣德七年(1432 年)又将皇城东城墙稍向东移。嘉靖三十二年（1553 年）拟增筑北京的外罗城,但由于财力不足，只修筑了南垣，遂形成日后“凸”字形的北京城轮廓。

在明代营建北京城的过程中，也造成了元代积水潭的进一步演变。主要有八个方面：

第一，北城垣南缩 3 公里后，将积水潭分割成两部分，其西北部被隔于城外，称为泓渟，使城内积水潭面积大为缩减。同时，水从德胜门铁棂闸入内城，使入水量也大为减少。又由于其上游水源白浮堰位于明皇陵之前而“有伤风水地脉”,被弃而不用，任其废毁，致使水量变小，也是造成积水潭水面缩小的原因之一。

第二，水面的缩小，造成一些浅水区域变为湿地或平地，湿地被辟为稻田，平地建成街巷民居。前者如《燕都游览志》所记“三圣庵（今后海鸦儿胡同龙华寺西）后筑观稻亭，北为内宫监

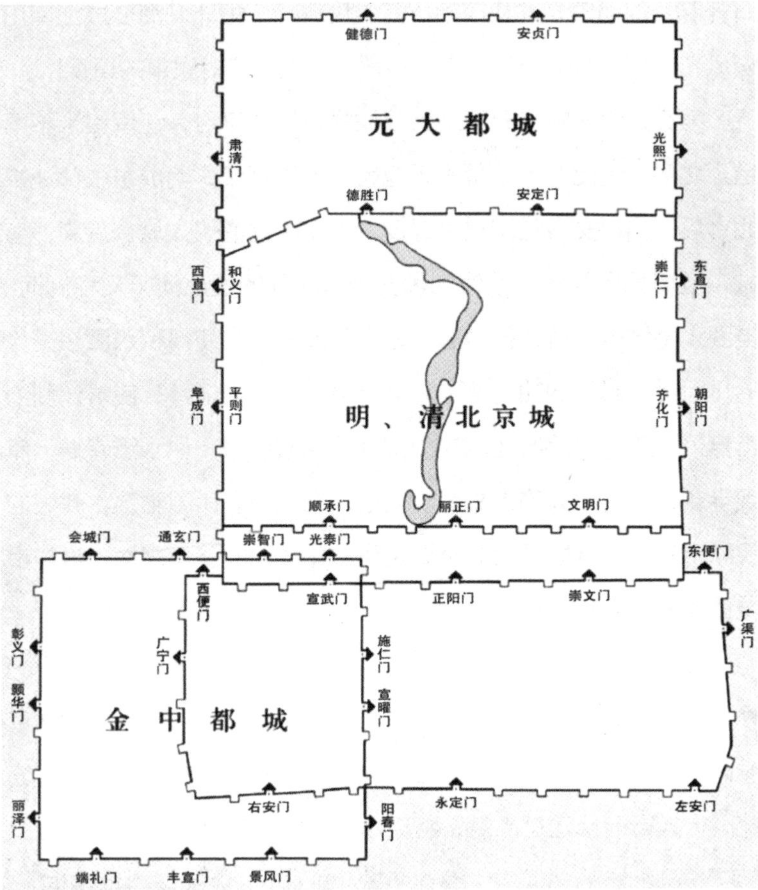

北京城演变示意图

地，南人于此艺水田，夏日桔槔之声，不减江南”及“积水潭水从德胜桥东下，桥东偏有公田若干顷，中贵引水为池，以灌禾黍。绿杨鬖鬖，一望无际”。什刹海开辟稻田，始于明代，原因有二：一是永乐帝夺取皇权的功臣中江南人士居多，他们迷恋故园景色，皇帝为满足这些功臣们的思乡之情，故下令在离皇宫不远的什刹海开辟一片稻田，并从江南招募农民耕耘，把什刹海变成江南田园风光；其二是便于帝王亲临观稻禾，以表示对农事的重视。

第三，明太祖朱元璋把大都城降格为北平府，江南粮米不再运至北平，因此对积水潭水系也就不太重视了。明成祖朱棣迁都北京后，怕建文帝党羽进京谋反，下令不准漕船入城。后来，皇城东城墙稍向东移，致使元代流于皇城外的通惠河（又称御河）被圈入皇城内，再通行漕船已是不可能的事。使得积水潭在元代的运河终点码头的功能消失，漕运终点移至大通桥，使得什刹海昔日繁华的商业盛况变成较为宁静的风景胜地。积水潭岸畔，庵观寺庙、权贵园囿等人文景观大增。文人骚客休闲雅赏，商贩庶民纵游其间。这里成为北京城民俗文化活动的荟萃之地，也是京城百姓消夏避暑的好去处。

第四，德胜桥、银锭桥的建成，使元代连为一体的积水潭一分为三。《明史》记载，永乐十八年（1420 年）以前已划定北京城内街道格局，凡遇跨河处必然修桥。德胜门建成后，为修通德胜门内大街而修建德胜桥，将原本十分宽阔的水面拦腰截断，并另辟一条细流的小河沟；银锭桥的建成，也将桥左右水面变成一个葫芦形状。德胜桥西的水面称为积水潭，银锭桥东、西的水面都称为什刹海（什刹前海和什刹后海）。

第五，太液池南端开挖了一个新湖，称南海。并将开挖南海和紫禁城护城河的土堆积成万岁山（今景山），成为北京城内中轴线上的制高点。

第六，将元代虽距离很近但并不通流的积水潭与太液池连通起来，并在其连通处建西不压桥（又名西步粮桥）。还在北海的东北角什刹海流入北海的进水口处设置闸门以控制水流量。什刹海与北海连通之后，所开之金水河河道在今丰盛胡同西口南处改道，一直向南，中间有两处东向的曲折，然后在今宣武门西边注入南护城河。而自今丰盛胡同南的后泥洼胡同西口处东折，又经今西斜街东南方向至今灵境胡同西口处一直向东，连接太液池（今中海）南端的金水河河道遂废。建于灵境胡同西口处的干石桥被埋于地下便是明证。同时，自干石桥东不远处的今东斜街及顺西黄城根向北，又在今平安大街东折至今北海后门处连通太液池（今北海）北端的河道亦废。

第七，明代中叶，从德胜桥东开挑了一条河道，沿后海南侧向东，至李广桥折向南，又沿今前海西街向东，连接于什刹海西

什刹海莲池

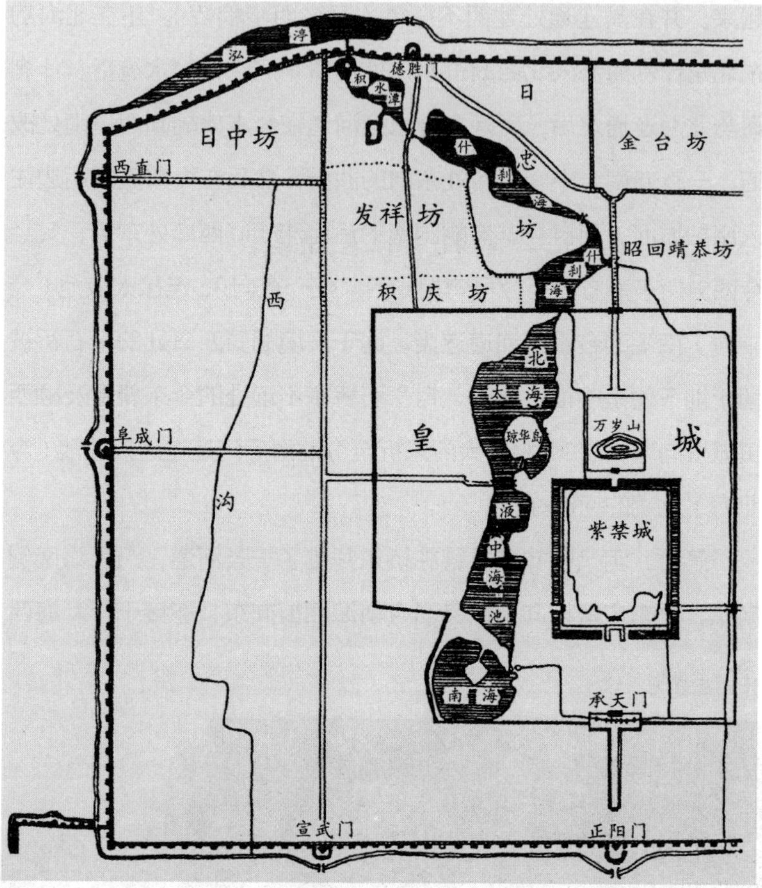

明中后期什刹海及太液池示意图

北角处。此河当时被称为月牙河。开挑此河道，主要是为了保证皇城内太液池水位的稳定和水量的供应。

第八，明嘉靖七年（1528 年）开工修通惠河，当年漕运获得成功。隆庆元年（1567 年），制定北京城河闸坝工程每三年一修的制度，保证了漕运能够比较畅通。

明代的积水潭，还有什刹海、西湖、北海子、北湖、莲花池、净业寺湖、净业湖、后湖等多种称谓。

清代的什刹海

明代的积水潭，属于官宦公用。清初，奉宸苑接收了明代的上林苑监。康熙朝把积水潭提高到了御苑的地位，并委派苑丞、苑副等大小官员，在积水潭内安放了一只御用采莲的牛舌头船。从此，什刹海成了没有宫门及宫墙的禁苑。奉宸苑还颁布过“非御赐，不准引用什刹海水”的条例。据《啸亭续录》记载：“成亲王府在净业湖北……府中有恩波亭，以恩赐引玉河水入宅也。”

入清后，什刹海一带水泊的自然状况变化，主要是乾隆十四年（1749 年），进行了大规模的扩建昆明湖工程，使新湖两倍于旧湖，并使湖水得到完全的控制。后又引香山双清泉及卧佛寺水至玉泉山，增加了昆明湖及下游什刹海的供水。至清末时在与北海相连通的什刹海前海西南部（今前海西沿），筑起了一条贯通南北的长堤，将什刹海前海分割为二，长堤中间偏北处有桥连通被分割的湖水。据说，此堤筑于乾隆末期和珅（1750—1799）兴建什刹海宅第之后，在坐落于前海西岸的和珅花园（今郭沫若故居处）修建前后，筑此堤是和珅依照西湖苏堤而筑的，取名“和公堤”。还有一说，据《骨董琐记》卷三《都中三湖》记载：张

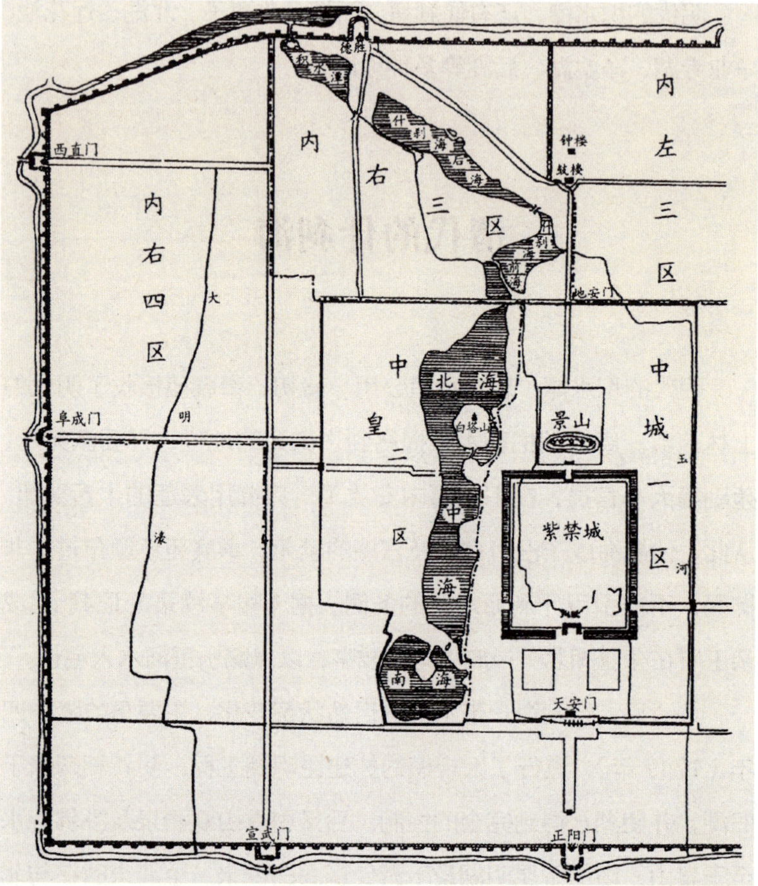

清末什刹海及水域示意图

之洞（1837–1909）“旧宅在湖南岸白米斜街……宅本文襄庖人所设会贤堂，文襄居之，会贤堂迁于北岸，筑堤通湖南，沿堤植柳，高入云霄”。按会贤堂饭庄开设时间推测，此堤约筑于光绪十六年（1890 年）前后。光绪二十七年（1901 年），通惠河漕运全面停止，什刹海供漕运用水的功用彻底结束。

虽然清代什刹海的自然状况与前代相比变化不大，但是其名称在康熙、雍正朝出现过风潭、鸡头池之名，《大清一统志》中记载了今前海为莲花泡子这一突出满族文化色彩的名称，《道咸以来朝野杂记》中有“中为秦家河地，俗呼后海”之记载。银锭桥西之水面改名为什刹海后海，简称为后海；银锭桥东之水面称为什刹海前海，简称为前海。呈现出分湖而名，名实相合，展现出更强烈的个性特征。其中，“秦家河地”之名的出现，可能记录了今后海一带的湖水及土地曾一度被秦姓人家所占有。前海和后海名称的出现，周围民居把临什刹海的一面安装扇面、寿桃、圆月、方胜等形状“十样锦”窗，以及民俗活动的开展又让人更多地感受到平民大众的习俗风气。

什刹海的上述变化，使什刹海的平民性特色更为显著，也使什刹海一带的传统文化气息更加浓重。

明代被隔于城外的名为泓渟的积水潭西北部，清代曾被称为河泡。

民国时期的什刹海

民国时期，什刹海一带水泊的自然状况，可以说与清代基本没什么变化，但其称谓却在前代不断演变的基础上，逐渐向有序方向发展并趋向于定型。

据《故都变迁纪略》记载："今名近地安门者为十刹前海，稍西北为十刹后海，最西北近德胜门者为十刹西海"；"十刹西海，旧名积水潭，在德胜门迤西，又略称西海，昔日亦为消夏胜地"；"海子桥亦名月桥，在前海，俗称三座桥"；"摄政王府即醇王府，旧为成亲王府，在后海北河沿，传为明珠故宅"。

日本人多田贞一在其所著《北京地名志》中亦说："十刹海又叫什刹海。前海、后海、西海之外，玉泉山的水引入之后注入太液池。西海旧名叫积水潭，别名叫净业湖，北岸有旧刹叫净业寺。前海叫荷塘，还叫莲花池，是莲花的著名生长地，到夏季设立临时市场荷花市场。后海的西岸有古刹，是名十刹海的破庙，有做假面和玩具的人居住。"

从上面所引的两篇著述中，我们可以看到：虽杂有两名并用和新旧名称共存的情况，但已基本定型为西海、后海和前海的通用名称。

被隔于德胜门外以西的水泊，此时俗称为苇塘。

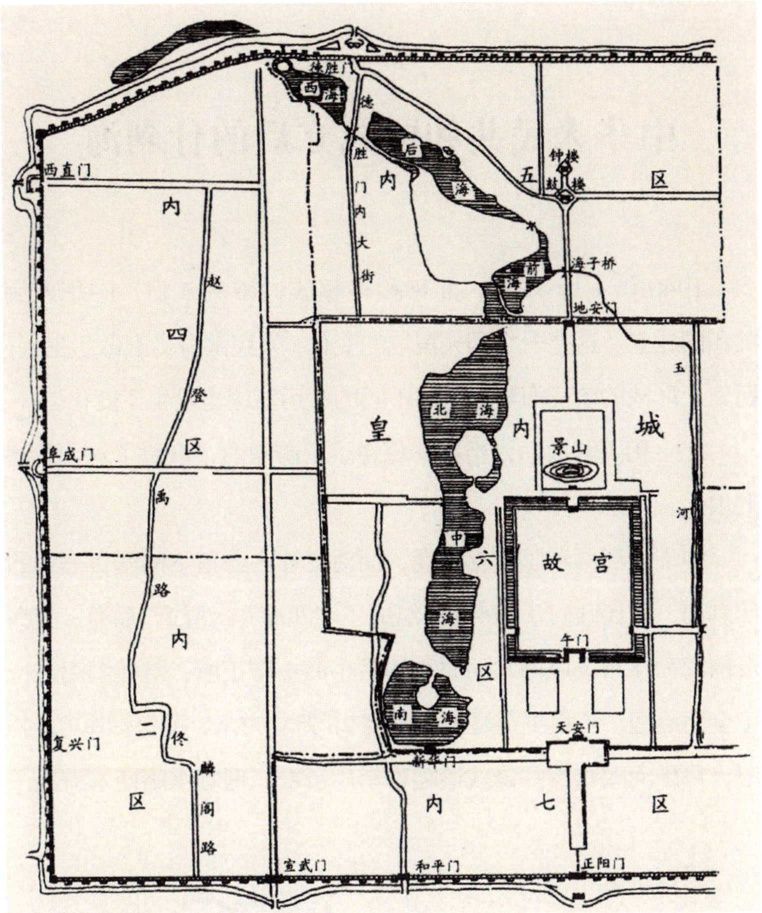

民国后期什刹海及水域示意图

另外，据有关档案史料记载，由于连年军阀混战以及日本侵华军队的占领，什刹海多年失修，“城内水道，几已完全淤塞”，有的地方“几被垃圾填平，更无水流之可言矣”。

中华人民共和国成立后的什刹海

1949 年 1 月 31 日，北平和平解放。10 月 1 日，中华人民共和国成立。这是一个翻天覆地的变化，人民翻身当家做了主人。历史上形成的前三海与后三海不同的命运轨迹也发生了变化。

北平和平解放后，当年即疏通了上游河道，恢复了对什刹海的供水。

中华人民共和国成立初期，面对旧社会遗留下的满目疮痍的什刹海，人民政府于 1950 年组成了“四海”（西海、后海、前海及前海荷花市场以西水面时称的西小海）施工所，对什刹海进行了全面治理。工程主要是清挖淤泥 29 万立方米，砌筑护岸 6.4 公里，月牙河改暗沟并修成道路称李广桥街，理顺水路使水流经一

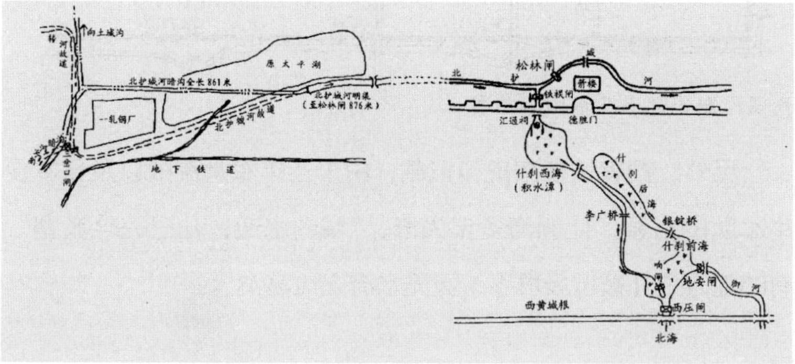

北护城河改建工程示意图

解放军参加整治什刹海

段引河后直接注入后海，德胜桥处建闸以控制两边不同高度的水位，西小海改建成水面3.35万平方米可容纳4000人的游泳池，还建起12座排水涵洞、9处码头及两座桥梁。

1952年，市政府根据沿岸居民的要求，修建了湖岸栏杆和环湖路灯。有关部门还增添游船，供人们荡舟水上。

1953年，在1.3万平方米地域的后海南岸建成西城区第一座儿童公园。

1956年，建成双紫支渠，将永定河引水渠的水引入紫竹院湖后，增加了什刹海的水源。

1958年，被隔于德胜门外的苇塘水域疏挖成湖，并命名为太平湖。

“文化大革命”期间，湖岸空地被任意侵占，沿湖景观遭到破坏，西小海被填平后建成什刹海体育馆，1971年修建地铁时将太平湖填垫。

1977 年开始北护城河上段的改建工程。改建新河道，西接南长河暗沟，东行第一轧钢厂北侧后接北护城河明渠，至德胜门西侧的松林闸前，将原铁棂闸东移 200 米并与“北郊四湖”进口闸结合形成水利分水枢纽。铁棂闸南有 283 米的暗渠与积水潭（西海）相通，该闸过水能力为 11.3 立方米 / 秒。

1983 年 11 月，市政府批准了西城区人民政府关于什刹海的整治方案，并由中央、市级机关，解放军部队和有关单位组成了什刹海风景区整治指挥部。除专业施工队伍外，动员驻区及区属 200 余个单位共 8.4 万人参加了义务劳动，支持车辆 5000 台班。共动员搬迁 24 个单位，腾出绿地 2.65 万平方米，清除淤泥 21 万立方米，整修环湖道路及甬路 1.8 万余平方米，种植乔、灌木等 13 万多株，铺草坪 2.9 万平方米，在西海、前海种植莲藕 25 亩。

此后，又经过两年，完成了什刹海第二期整治工程。建成后海码头、花架，前海“潭苑”水院、岛亭、喷泉等景点。

1998 年 9 月至 12 月，在什刹海进行了机械化清淤，共计清淤 21.7 万立方米。同时，维修堤岸 5185 米，安装护栏 4400 米，铺装甬路 1.5 万平方米。次年，仿汴京古船下水，开辟“好梦江南”水上游，什刹海成了首都居民喜爱游览的水上公园。

在整治水面、美化周边环境的同时，2000 年后，又开始实施什刹海的亮丽工程，使其夜景美如画。2002 年 6 月，西海亮丽工程完工，沿湖增加 33 盏环湖灯，汇通祠山上增设 22 盏照明灯并修建“屏山听瀑”景点。同年，前海亮丽工程竣工，安装了

什刹海灯景

礼花灯、轮廓灯、绿地灯、步道灯、水上木栈桥和前海沿湖护栏灯等设施，使前海夜间灯光明亮，成为北京市的一景。

周边景物

什刹海周边景物，最早的建于隋代(581—618)。此后，累有添建。包含有名宅、府邸、园囿、门楼、寺庙和桥梁等。下面，先从历史说起，然后再按门类分别加以记述。

什刹海的周边景物，见于记载始建年代最早的是“隋（581—618）之旧基”的“汉寿亭侯庙”，后因传说明英宗朱祁镇乘白马来祭而“俗呼白马关帝庙”。今庙之建筑、历代所立庙碑及乾隆御书“忠贯天人”匾和“浩气丹心万古忠诚昭日月，佑民福国千秋俎豆永山河”楹联，可惜均已不得见。

唐代，什刹海畔出现火神庙、佑圣寺、海子园等建筑，数量不多，主要是自然野趣景观。

元代“北京古海港”的兴建，“漕运”兴盛时往来如梭的漕船均经过火神庙门前，停泊于积水潭，以致鼓楼前大街成为繁华的商市，使元以前火神庙等野景野趣的环境大大改变，失去了往日清幽静谧的情景。元代皇帝对宗教的推崇和兼容并蓄的宗教政策，使各类宗教发展很快。在积水潭周边亦增建护国寺、广化寺等寺观。

入明，积水潭漕运的停废，使之成为游览胜地。明北京城营建的筑路修桥，使什刹海出现了桥梁景物。由于成祖朱棣迁都北京后，对那些“靖难”功臣进行封赏时，赐建宅园于风景宜人的什刹海水域一带，致使德胜桥西边增加了定国公园、莲花亭、虾菜亭、漫园、方公园、湜园、杨园、刘茂才园、刘百川别墅等一大批园囿。又由于明廷以行政手段对原始宗教的提倡、控制，支持汉地传统佛教各派，崇信道士，致使什刹海周边修建了广福观、寿明寺、双寺、净业寺、普济寺、拈花寺、汇通祠、瑞应寺、什刹海寺、清虚观等一大批寺庙、道观，给什刹海平添了许多人文景观。

清师入关后，内城由八旗分区驻守拱卫皇宫，什刹海一带为皇帝的亲兵、上三旗之一的正黄旗驻守。由于清代对前代封王制度改变后将王公府第建于天子脚下的京师，以及宗教政策基本沿袭明制的缘故，什刹海周边建起了醇亲王府、恭亲王府、庆亲王府、涛贝勒府邸、棍贝子府邸、阿拉善王府、一等武毅谋勇公兆惠府邸等，同时继续修建了大藏龙华寺、天寿庵、三官庙、真武庙、永泉庵、丰泰庵、三元伏魔宫等数十座寺观。

自隋至清代的粗略统计，什刹海周边共约有寺、庙、观、宫、庵、塔、禅林、堂、祠等建筑 165 处，其中基本保持原建格局的有 29 处，部分建筑尚存的有 43 处，今已无存的有 93 处；有王公府邸（含一府前后有二主的情况）共约 20 处；有故居名宅 30 多处；有名园 20 处，其中多数已不复存在；另有桥梁 6 座、门楼 4 座。

民国以后，什刹海周边在门楼、桥梁、寺庙、府邸等方面，可以说基本上没有增加新的景物，只是在故居名宅方面增加了一些。如:国家名誉主席宋庆龄故居;诗人、作家、学者郭沫若故居;京剧表演艺术家梅兰芳故居；教育学家陈垣故居（现为辅仁大学校友会办公地）；收藏家张伯驹故居；作家萧军故居；画家周怀民故居；末代皇弟溥杰故居（其女将故居捐献国家，辟为全国政协国际协力政治经济文化交流中心）；诗人田间故居；国际主义白衣战士（后加入中国籍）马海德故居；讨袁护国军总司令蔡锷在京住所（现建筑基本保持旧貌，已改为民宅）等 20 余处。

名　宅

宋庆龄故居

宋庆龄故居位于后海北沿 46 号原醇亲王府西花园。

国家副主席宋庆龄（1893—1981）于 1963 年 4 月迁入。1966 年，她在给一位美国朋友回信时说：“我住在醇亲王的王府里，溥仪就是在这里出生的。园子里有小溪环绕，园里有许多美

宋庆龄故居大门

丽的树木……我确实在享受‘皇家的’待遇，尽管我并不快乐，因为有许多比我更有价值的人现还住在简陋的小屋里。”东门甬道上的龙眼葡萄架和园内 10 株桶栽石榴树，是宋庆龄栽种并随主人再次迁居于此的。醇王府时期的大戏台处改为大客厅，北面的“畅襟斋”成为大餐厅，西厢房后建仿古二层小楼，楼上是宋庆龄的卧室（内有施特劳斯牌钢琴一架，西墙上挂有一幅象征和平、吉祥、幸福的“安多利恒花”刺绣）和书房，楼下是小客厅和小餐厅，是宋庆龄接见及宴请外国政要和亲密朋友的地方。小客厅东墙上悬挂孙中山先生遗像（宋庆龄会客时总是坐于像下左首的位置上，以示怀念和尊敬）。楼后有鸽子房，工作之余，她常给鸽子喂食。她为接待孩子们还专门竖起了两架秋千、在原观花室内专辟了一个儿童馆。庭院西南角有两件宋庆龄钟爱的珍宝，一件是形如鹤发老人的 3 米高太湖石“长寿石”，上面刻有楷书“岁岁平安”4 字，据说是花园故主成亲王永瑆所题。另一件是一株已有 200 多年历史的清代老石榴树盆景“老寿星”。宋庆龄生前常与来访的外宾在这两件珍宝前拍照留念。南楼前临水处有两株夜合花，是清康

宋庆龄在会客厅

瑰宝亭

熙年间著名词人纳兰成德园居时手植。1981年5月29日宋庆龄逝世后，当年的大客厅、大餐厅成为宋庆龄生平展览的展厅，展示有200多幅重要的历史图片，陈列着近200件极其珍贵的孙中山和宋庆龄的遗物。1982年2月23日，北京宋庆龄故居被公布为全国重点文物保护单位。周恩来总理曾多次赞誉宋庆龄是“国之瑰宝”，1992年为纪念宋庆龄诞辰100周年，在园内西山上建“瑰宝亭”，以为永久纪念。2001年在宋庆龄逝世20周年之际，为纪念这位20世纪的杰出女性，宋庆龄基金会在东广场竹林前举行了宋庆龄汉白玉雕像的安放仪式。

郭沫若故居

位于前海西街18号。

这座宅院基址原是清代权相和珅的一座花园。嘉庆皇帝一登基，便将和宅抄没，花园也随之荒废。同治朝成为恭亲王府的马厩和草料场。民国年间，恭亲王后代把王府和花园卖给辅仁大学

郭沫若故居大门

的同时，将此处卖给天津达仁堂乐家药铺作宅园。中华人民共和国成立后，这里曾是蒙古人民共和国驻华大使馆所在地。国家副主席宋庆龄 1960 年到北京后，曾在这里临时居住过。1963 年 11 月，郭沫若（1892—1978）由西四大院胡同迁此居住，直至 1978 年 6 月 12 日逝世。1988 年 1 月 13 日，国务院公布郭沫若故居为全国重点文物保护单位。

郭沫若故居占地面积 7000 多平方米，建筑面积约 2300 平方米。临街的红漆大门坐西朝东，门额上悬挂着邓颖超题写的“郭沫若故居”金字匾额。大门外路中间（原在路对面，扩宽马路时保留未动）有一座砖照壁。进入大门后，有座土山，土山西有一幢二层楼房。土山北为坐北朝南的主体建筑。这组主体建筑的正门是一座垂花门，进门后是正房、耳房、东西厢房及后罩房组成的二进四合院。垂花门、正房和东西厢房之间有回廊相连；院中空地上牡丹丛生，还有高大的海棠树；东西厢房各3间原是郭沫若子女们的居室及秘书办公室和会议室。5间正房中，东为办公室、卧室，西为会客室。郭沫若在这里写下了百万余字的学术论著和诗歌作品，一排暖廊将前排正房与后院的后罩房连在一起；后罩房11间，是郭沫若夫人于立群的画室、书房和卧室；院西一排平房，是郭沫若存放手稿和藏书之处。

院内有被郭沫若称为“中国人文的有生命的纪念塔”的9棵银杏树。其中有一株银杏树，是郭沫若1954年春天带着孩子们去西郊大觉寺，从有“银杏之最”的大觉寺林场选中一株手腕粗细的树苗，带回城内种于西四大院胡同5号，1963年10月又和郭沫若一起搬进了前海西街的新居，成为与郭沫若一家朝夕相处的一员，郭沫若还为其定名为“妈妈树”。郭沫若对银杏树的喜爱，既有对子女们好好学习的希望，又有让远在南方的孩子们的母亲安心养病的寄托。其中，还蕴含着抗日战争时期的美好回忆：“国民政府军事委员会文化工作委员会”在

郭沫若铜像

重庆巴县乡下的会址门口，长着一株高大的银杏树，曾伴随郭沫若写作了《青铜时代》和《十批判书》两部有名的史著，并曾一度有意定名为《白果树下》以示纪念。

故居仍按郭沫若生前的原样布置着。正房门内两侧挂着著名画家傅抱石写郭沫若游九龙渊诗意的巨幅山水。沙发依马蹄形摆成半圆，周恩来总理曾多次来这里商谈工作，还接待过不少科学、文化、外事工作的同志及来自各国的朋友。

“文化大革命”中，这所小院也降临过灾难，“四人帮”一伙曾闯进门逼迫郭沫若“检查”。“四人帮”被粉碎以后，他激情地写下了一首词《水调歌头·粉碎四人帮》。

1988 年 6 月 12 日，由中国科学院、中国社会科学院和全国城市雕塑委员会共同竖立的高 1.8 米的郭沫若铜像落成，郭沫若故居正式开放。

1994 年，在故居成立了郭沫若纪念馆，共有藏品 1.16 万件。纪念馆开展学术研究，定期评选、颁发“郭沫若中国历史学奖”。

2000 年 5 月 1 日，经过一年整修后，重新开馆。内设文学室、史学室、生平室和故居原状陈列室。在陈列结尾处，书写着郭沫若的话语 :“我要以松柏的态度来刻画出自己的年龄，能成为合抱的大木给天下的劳苦人以一片清荫，即使中途遭受了电击或者枯死，我也希望它的残骸能够供给贫苦人一把取暖的柴。”这正是郭沫若品格的写照，更是虽平静但震撼人心的至理名言，激励后人迈好人生的脚步。

梅兰芳故居

位于西城区护国寺街 9 号。

梅兰芳（1894—1961），字畹华，原籍江苏泰州，光绪二十年（1894 年）生于北京祖居（原宣武区铁树斜街 101 号祖父梅巧玲的住宅），是著名的京剧表演艺术家，“四大名旦”之首。在京剧旦角的唱腔、念白、音乐、舞蹈、服装、化妆上均有创新，形成“梅派”独特艺术风格。代表剧目有《宇宙锋》《贵妃醉酒》《太真外传》《西施》《凤还巢》《生死恨》等。1935 年，梅兰芳将京剧传统剧目《战金山》改编成《抗金兵》，巡回演出以鼓舞人民抗日救亡的情绪。1937 年“卢沟桥事变”后，梅兰芳避居香港，后又蓄须明志，拒绝为日伪演出。多年拒演，没有收入，为维持

梅兰芳故居

生活变卖古玩及北京无量大人胡同的宅子，甚至学画卖画谋生，也绝不丧失民族尊严。

梅兰芳戏装照

中华人民共和国成立后的 1951 年，梅兰芳迁此居住，直至 1961 年 8 月 8 日逝世。其间曾任中国京剧院院长、中国戏曲研究院院长、全国文联副主席、中国戏剧家协会副主席、中国人民保卫世界和平委员会常委、全国人大常委会委员、全国政协常委等职。

故居坐北朝南，是一座典型的北京二进四合院，占地 700 余平方米，红漆大门上悬挂有邓小平题写的“梅兰芳纪念馆”横匾。其基址前身是庆亲王府的马厩。

进入大门，有面青砖影壁，影壁前安放着梅兰芳塑像。外院三明一暗的倒座房，是梅兰芳入住前新建的，作为大客厅使用，现改作展室，以大量的实物和图片介绍梅兰芳一生的艺术和社会生活。垂花门内，有一个花岗石的水池，还摆放着 4 个雕花石质小墩。院中有柿子树、苹果树和海棠树，寓意“事事平安”。3 间北房正中的明间是小客厅；东侧是起居室；西侧是书房“缀玉轩”，内藏不少孤本、善本的剧本，悬挂有著名画家张大千（1899—1983）先生“为畹华先生写”的山水画，还摆放有大理石面红木桌（是梅兰芳生前伏案写作绘画之处）。东西厢房各 3 间，与北房之间有“蝠缘寿庆”彩绘、红漆圆柱的穿廊。今正院部分保持了梅兰芳生前居住、工作、生活的原状、原貌。西厢房辟为“戏剧艺术馆资料室”，藏有 1965 年梅夫人福芝芳捐献的 3 万多种珍贵资料。东厢房陈列着梅兰芳在国际文化交流方面的业绩资料。

故居还有跨院，院内有一排西房。

1984 年 5 月 24 日，故居被公布为北京市第三批文物保护单位。

1986 年 10 月 27 日，举行了“梅兰芳纪念馆”开馆典礼，对外开放。

马海德故居

位于后海北沿 24 号的一座小四合院。

这里原是醇亲王府管家几兄弟的住房。1950 年卫生部用 200 斤小米和 200 匹布的代价买下后分配给在部参事室工作的杰出国际主义白衣战士、著名医学专家马海德（1910—1988）博士居住。马海德祖籍黎巴嫩，出生于美国纽约州的布法罗城，1933 年到中国，1936 年参加中国工农红军并加入中国共产党，1950 年经周恩来总理批准获得中国国籍。1964 年叶剑英来此看望马海德后，

马海德故居

向国务院提出房屋翻建、调整的问题。于是经调整成了独门独院，院门改成向南，面对后海。1976年受地震影响需重新翻修时，有关部门提出建座二层小楼，马海德不同意，说:“还是四合院好，四合院在国际上都是有名的，我不要改变。”还说：“四合院这种建筑，在中国也很少了，你们怎么不考虑。再说，我们紧靠海边住，不能把海遮住。真要盖楼，在后边远处盖。咱们得考虑什刹海的整个规划格局。”在他的坚持下，盖起来的房子仍然是四合院。有两门及北房5间，东西厢房各3间，还有厨房和卫生间。马海德很平易近人，邻居们跟他关系处得很好，经常有人请他看病。1988年10月3日，马海德的心脏停止了跳动。故居现保存完好，由其遗孀苏菲女士居住。

田间故居

位于后海北沿 38 号，四合院坐北朝南。

1954 年，著名诗人田间（1916—1985）看中了“面海、背靠古城楼，幽幽静静的小院”，并用稿费将其买下。南边的 4 间倒座房是书房；5 间北房中，最东边的 1 间是书库，往西为 1 间卧室、两间客厅、1 间客房；3 间西厢房是办公室和书库；3 间东厢房为餐厅。入住后，田间在院内栽种了数十棵桃树、梨树、柿树、山里红树、樱花树和葡萄，在院门外的空地上也栽了许多树。田间说：“绿是一项伟大的工程，是人的心灵的工程。”在此居住期间，田间辛勤耕耘、专注写作。正如他所说：“诗需要这样，爱

田间故居

情也需要这样。只有抛开自我，自我才能生存。人，不是为自己活着……”数年后，栽种的樱花开放了，山里红花飘出清香，入秋后火一样红的柿子挂满枝丫。诗人在此居住的31年中（“文化大革命”中曾被迫离开过），他的创作也获得了大丰收，先后写作出版了30多部著作，一直战斗到1985年8月离开人世。他的一生不愧为著名民主人士闻一多所给予他的“时代的鼓手”的称誉。故居现为田间的夫人及女儿居住。

萧军故居

位于后海北沿鸦儿胡同6号院内的一所二层西式小楼的楼上东侧4大间。

萧军故居

1950年10月后,全家租住于此。一代文坛骄子萧军(1907—1988)住东头1间25平方米的南屋，常在屋南附有17平方米的大晾台上打拳、舞剑、锻炼身体、凭栏眺望后海,在他命名为“银锭桥西海北楼”(还刻此印章使用)里写了《五月的矿山》等长篇小说和《吴越春秋》京剧剧本等。“文化大革命”中，小楼被7次抄家。萧军被关押审查6年后回到这里时，小院已成大杂院并办起街道工厂。萧军一家11口挤住在两间屋子里。于是，萧军便把不到2平方米的储藏室布置成了写作室，并命名为“蜗蜗居”，还赋七律一首“蜗居虽小亦何嫌，芥子须弥两大千。苍狗白云瞰去往，镜花水月幻中看。虫沙劫历身犹健，烽火频经胆未寒。一笑回眸六六载，闲将琴剑娱余年”贴在门额上。1980年，萧军得到平反后,用市政府分配的住房将被占去的两间房“赎回”。萧军在此一直住到1988年6月22日去世，共37年。现由其子女住用。

张伯驹故居

位于后海南沿26号。

小院坐南朝北，院门是单扇独开的。收藏家张伯驹(1898—1982)于1954年迁此居住。内有5间北房，当中3间是客厅兼画室，东间为卧室，西间供客人居住。院东边高台上两间房由女儿居住。西边也有两间房。院南边还有一方亭和廊房。张先生于1956年将收藏的8件书画精品献给国家，其中有1937年以4万

张伯驹故居

元买下的西晋陆机《平复帖》；有“天下第一”之美誉的隋代展子虔的作品中国现存最古的山水画《游春图》，张先生卖掉弓弦胡同住宅凑足 240 两黄金买下，亦捐献给国家，现藏于故宫博物院。“文化大革命”开始后，张伯驹成为批斗对象，独居小院也成了“大杂院”。张先生家被挤到尽东头两间屋里。1972 年，张伯驹为去世的陈毅敬书一副挽联：“仗剑从云做干城，忠心不易。军声在淮海，遗爱在江南。万庶尽衔哀。回望大好山河永离赤县。挥戈抗日接樽俎，豪气犹存。无愧于平生，有功于天下。九泉应含笑。伫看重新世界遍树红旗。”毛泽东主席在陈毅追悼会上看到这副挽联后，对周恩来总理说：“像张伯驹这样的人，应当保护、给出路。”随后，张伯驹被安排到中央文史馆工作。“文化大革命”

结束后落实政策，其他被占用的房屋归还张伯驹。1982 年 2 月 26 日，张伯驹去世。1985 年院内房屋翻建，共有南、北、西房大小 17 间。现由其后人居住。

周怀民故居

位于西海西沿 7 号。

著名画家周怀民（1907—1996）于 1955 年迁此居住。故居院落不大，初时只有两间平房，但所处地势高耸，远看似楼，在临西海一侧有窗，可以凭窗远眺，故取其画室名为“水云阁”。该小院原为老画家胡佩衡的私宅。1976 年唐山大地震波及北京时，房屋受损拆除。后在市、区领导的关心下，在“水云阁”东侧临西海的一面另辟小院，建北房两间，一间作卧室（内摆放一张双人床和一个衣柜），一间作画室兼客厅（内摆放一张画案和几张简易沙发），还有厨房等房屋。因院内有两株柳树，故将新画室取名为“双柳书屋”。是年，创作《葡萄图》送联合国展出，引起强烈反响，被冠以“周葡萄”的美誉。他的画款中常有“西海老人”的署名。他还曾作《寓居西海》诗一首:“滨海幽居四十春，闲时漫步趁佳辰。临池泼墨波皆染，一笑相迎来众宾。”1984 年，周怀民将他收藏的《四喜图》等一批宋、元、明、清书画珍品捐献给家乡无锡市。

周怀民故居现由其家属居住。

溥杰故居

位于西城区护国寺街52号。

1961年5月，溥杰（1907—1994）同刚从日本回来的妻子嵯峨浩一起入住于此。此处原系溥杰之父清末摄政王载沣（1883—1951）买给溥杰的房产，但一直未住。后来，由一家工厂使用。入住前，在周恩来总理的关怀下，工厂迁出，油漆一新，安装了电话，并配备了家具用品。坐南朝北的小四合院中，有北房3间，为溥杰的卧室及书房；有南房3间，为客厅；还有东、西厢房，为厨房及其他人员的用房。入住后，在庭院中种植了一些花和树。“文化大革命”初期曾受到过“红卫兵”的冲击，但很快在周总

溥杰故居

理的过问下，得到了保护。

身为“末代皇弟”的溥杰，于1960年年底受到政府特赦后，曾任全国政协文史资料研究委员会文史专员、北京市政协委员、全国人大常委会委员、全国人大民族委员会副主任、中国中日关系史研究会副会长。

1994年2月28日，溥杰去世后，曾于此处设灵堂。后溥杰之女将该院捐献国家，遂成为全国政协国际协力政治经济文化交流中心。

府　邸

醇亲王府（摄政王府）

位于后海北沿44号，随湖岸而建。

府坐北朝南，布局广阔，可分为东部的宅邸和西部的花园两大部分。

王府宅邸大致分为东、中、西三路。中路的宫殿建筑是其主体：最前（南）的是5开间灰筒瓦歇山顶的临街大门，有东、西角房向门两翼延展。进大门为府之外院，两侧有灰筒瓦顶的东、西配殿和东、西配庑；中轴线上有二门大宫门，此门才是王府的正门，

醇亲王府（现为国家宗教事务局）

面阔 5 间，绿琉璃筒瓦歇山顶。进大宫门的正殿院落中，正北面为面阔 5 间的绿琉璃筒瓦歇山顶的银安殿；东、西两侧是两层 5 开间的灰筒瓦顶的配楼。过银安殿的小院内，两侧有东西配房；正北是绿琉璃筒瓦硬山顶面阔 3 间的小宫门，两翼有东、西耳房。进小宫门为王府的后寝部分院落，中为绿琉璃筒瓦歇山顶神殿，面阔 5 间；神殿两旁的东、西墙建有东、西朵殿；东、西朵殿南是东、西神库，东、西朵殿北是东、西佛堂；神殿北为遗念殿，是面阔 9 间、灰筒瓦硬山顶，两层的后罩楼，楼之两翼有东、西耳房。

东路建筑，自南而北有与大宫门在一条线上的南大门 3 间、神厨 5 间、小宫门 3 间、正殿 7 间、东西配殿各 5 间。该路主要是家祠和佛堂两组建筑。

在东路建筑的东墙外有一院落，是王府马号。

西路建筑是王府的住宅部分和日常起居活动中心。西路的西侧是重点：有“宝翰堂”，是面阔 5 间灰筒瓦顶的北房，为摄政王载沣的外客厅及“大书房”，是他日常办公及休息的地方，堂两翼有东、西耳房各两间，两侧有东、西厢房各 5 间；北行穿过一排过房，是后宅的正门，门上有康熙帝亲书“钟灵所”匾额；再北是“九思堂”，蕴含三倍的三思之意，可见其老主人、自称“九思堂主人”的奕譞为人之小心谨慎；再北为“思谦堂”，是载沣夫妇的卧室，末代皇帝溥仪即出生于此，两侧有东、西厢房。西路的东侧，前有三排东西向平房，往北与“钟灵所”在一条线上的是过堂门，再往北是“任真堂”（是载沣子女读书的“小书房”），再北为载沣次子溥杰住处名为“树滋堂”，再北是“信果堂”。最后是宽及整个西路的面阔 9 间的后罩楼。

西路“宝翰堂”“钟灵所”西边，有一条宽 10 余米，长 100 余米的南北向甬道，曾是载沣及其子女们练习骑马射箭的演武场。

再西是王府花园，内有箑亭、恩波亭、濠梁乐趣、戏台、乐寿堂、畅禁斋、观花室、听鹂轩、听雨屋及南楼等景点。

醇亲王府的前身，是清初大学士明珠（1635—1708）的宅第。礼亲王昭梿所著《啸亭续录》载：“成亲王府在净业湖（后海别称）北，系明珠宅。”明珠次子揆叙（1674—1717）在一首诗题中说：“臣父明珠于居之东偏龙华寺中建阁。”这个龙华寺在康熙五十二年（1713 年）被康熙帝赐名为瑞应寺，“文化大革命”中受损，现为一八四中学校舍，此又足证醇亲王府原为明珠旧宅。明珠长子纳兰成德（1655—1685）是清代第一词人。据载沣之子溥任说：现在的（宋庆龄）故居即醇王府西花园，其中的“恩波亭”，就建在当年纳兰成德宴集宾朋的“渌水亭”故址上；府内的南楼前，有 7 株夜合花树，其中有两株特别古老，经专家鉴定树龄有二三百年，据溥任先生考证，认为是纳兰成德亲手栽植的。

至乾隆五十五年（1790 年），明珠裔孙承安得罪了和珅（1750—1799），和珅罗织罪名将府第没收，“遵旨将承安住房一所改为王府一座”，第二年改建方案做成烫样呈报获准，第三年开工改建，第五年竣工。据乾隆六十年（1795 年）内务府奏案记载，该年末高宗第十一子成亲王永瑆（1752—1823）分府住进了这座新建的王府。永瑆自幼聪颖过人，诗文精洁，书法清峻遒劲，为清代馆阁体书法大家。乾隆帝对他十分钟爱，常临幸其府第，并命将其书勒石，亲为作序，传播海内，名之曰《诒晋斋法帖》。另外，永瑆又是仁宗颙琰（1760—1820）的哥哥，因而特赐该府将什刹海水引入府中，故有涵洞通什刹海，府中花园内修成后湖、南湖等水面景观，并建“恩波亭”。其后裔贝子毓橚在光绪十四年（1888 年）得慈禧太后旨，将后海府邸上交内务府，赏给醇亲王作新府（旧府在宣内太平湖）。醇亲王奕譞（1840—1891）之子载湉入继无嗣的同治皇帝而继承帝位，旧府成为“潜

醇亲王府宫门

龙邸”，奕譞奏请依雍正帝雍和宫故例，将宣内王府以光绪帝潜龙邸而恭缴朝廷。慈禧太后当即准奏，命将宣内王府作潜龙邸升为宫殿，另将后海北之贝子毓橚府作醇亲王新府，并拨 10 万两白银进行修葺。后因工程浩大，又增银 6 万两。

光绪三十四年（1908 年），戊戌变法失败后，长期被囚于中南海瀛台的光绪帝处于弥留之际，慈禧为无子的光绪帝选定载沣（1883—1952）的长子溥仪（1906—1967）为储，入宫教养，并封载沣为摄政王。据说，消息传到醇亲王府，府内便发生了混乱。老福晋即奕譞之妻（慈禧的妹妹）还没等听完载沣带回来的懿旨，便昏了过去。府内丫鬟和太监忙作一团，传大夫的传大夫，灌姜汁的灌姜汁。3 岁的溥仪大哭不止，载沣、军机大臣、太监等束手无策，还是溥仪的乳母有办法，给他喂奶才止了哭。为此，经协商后，由乳母抱着溥仪先进了中南海，然后再由太监抱着去见的慈禧。就这样，十月二十一日（1908 年 11 月 14 日），光绪帝崩逝于中南海瀛台涵元殿，溥仪 3 岁登基继承帝位，是为宣统皇帝。因此，后海北沿的醇亲王府就和宣内太平湖的醇亲王南府一样，也成了一座潜龙邸。由于宣统帝才 3 岁，每日听朝都必须由载沣抱着，而后海北沿之府离皇宫太远甚是不便。所以，内阁会奏后，拟请于中海迤西集灵囿建监国摄政王府第，并于宣统元年（1909 年）正月开工。由于王府工程浩大，宣统三年（1911 年）载沣因自感力不从心而坚辞摄政王之职，直到醇亲王退归原府邸之时，仍未建成；又因载沣辞去摄政王致使工程自动下马停工，移交给了奉宸苑收管。

辛亥革命推翻了清王朝。1912 年，孙中山（1866—1925）先生曾到醇亲王府，在宝翰堂与载沣晤谈，对载沣代表清政府在辛亥革命后和平交出政权，表示满意和慰勉；还肯定了载沣不参加复辟活动的态度；并希望今后在五族共和的基础上共跻富强。临分手时，孙中山送给载沣一张自己的照片，上题“醇亲王惠存”“孙文赠”。

1924 年，冯玉祥领导国民军“北京政变”后，将袁世凯拟订的优待皇室条件废除，并将辛亥革命推翻清廷后仍居于皇宫内的宣统皇帝赶出了紫禁城。国民军用汽车将溥仪这个末代皇帝又送回了醇亲王府。溥仪“我愿从今天起就当个平民”的一番演说，博得了国民军士兵的掌声。然而，溥仪回来后，醇亲王府又乱了起来，清朝的遗老遗少、外国及军阀的代表，接二连三地觐见溥仪。不久，溥仪便溜出醇亲王府，先躲进日本使馆，以后又跑到天津及东北，在日本军国主义的扶持下当上了“满洲国”的傀儡皇帝。

1947 年，为避免国民党军队强占王府，载沣与其第四子溥任利用王府空房办起了竞业小学。

北平和平解放后，载沣 1949 年 9 月将醇亲王府全部房产售予国立高级工业学校。以后，醇亲王府由中华人民共和国卫生部使用。1963 年，将府西的花园改建成国家副主席宋庆龄的住所。1982 年 2 月 23 日北京宋庆龄故居被国务院公布为全国重点文物保护单位。1984 年，醇亲王府（摄政王府）被公布为北京市文物保护单位。2001 年，卫生部迁出醇亲王府，现大门外挂上了“国家宗教事务局”的牌子。

恭亲王府

位于前海西街 17 号，另有东门在毡子房胡同 7 号；北门在大翔凤胡同 42 号；西门在柳荫街甲 14 号。

20 世纪 50 年代前海西街和柳荫街被修成马路以前，曾是由西海水域东南角引出的一条水渠(俗称月牙河)。水流经后海南岸、李广桥、清水桥，并从府西、南墙外绕过，再经三座桥流入前海。又由于其后倚后海，故可以说该府及萃锦园是四面皆水，环境相当优美。

据《啸亭续录》载：“庆亲王府在三转桥，系和珅宅。”《宸垣识略》记载：“大学士三等忠襄伯和第在三座桥西北。”《天咫偶闻》记载：“恭忠亲王邸在银定桥（按：应为银锭桥，在府之东北，距府稍远了些，故《燕都丛考》有‘似误’之说），旧为

恭王府大门

和珅第。从李公桥引水环之，故其邸西墙外，小溪清驶，水声霅然。其邸中山池，亦引溪水，都城诸邸，惟此独矣。珅败以赐庆亲王。”上述引文有四：一是确定了府园之位置；二是证实了其环境之幽美；三是交代了府主人的变化；四是引溪水入邸中小池之说，据文物专家赵迅先生考证和府内旧人相传，府园地势高，距月牙河水面起码 1 米至 2 米，引水入园实不可能，真正引水入园的只有后海北成亲王邸的西园是经过嘉庆帝特许的。

和珅（1750—1799），姓钮祜禄氏，正红旗满洲人（后抬入正黄旗）。“少贫，无籍”，乾隆三十四年（1769 年）承袭其父三等轻车都尉，3 年后在銮仪卫当差，又 3 年后升乾清宫御前侍卫。但他小有才华，且仪容谈吐俊雅，应对敏捷，声调洪亮，聪明有急智，并善测人意，因此得到了晚年乾隆帝的赏识、信任和恩宠。在乾隆四十一年（1776 年）提升为户部侍郎、军机大臣兼内务府大臣又兼步军统领，充崇文门税务监督，总理行营事务。又 4 年，升为户部尚书、议政大臣，又授御前大臣兼都统、领侍卫内大臣，充《四库全书》馆正总裁官兼理藩院尚书，掌管吏、刑二部事务。乾隆五十一年（1786 年）升文华殿大学士。又 2 年，晋封三等忠襄伯……乾隆皇帝还将其最宠爱的幼女固伦和孝公主（1775—1823）赐婚给和珅的儿子丰绅殷德（1775—1810），和他结成了儿女亲家。

正是在和珅飞黄腾达之时，有钱有势的和珅在什刹海大兴土木建了这座宅第。现府中所存之“锡晋斋”，就是和珅时所建的。原名叫“庆颐堂”，缘起于乾隆所赐“庆颐良辅”的匾额，虽后

恭王府锡晋斋殿

经修改，但基本保持了乾隆晚期的形制。庆颐堂是西路院落最后一进的正厅，面阔 7 间，前后出廊，后檐带抱厦 5 间。内檐正中的 3 间是敞厅，东西北三面都有两层仙楼，上下安装了雕饰精美的楠木装修、隔断。其鼓墩式下承覆莲座的柱础形式也异于一般房屋。在和珅获罪后，这也成了他的罪证之一："所盖楠木房屋，僭侈逾制，隔断式样皆仿宁寿宫制度"。据嘉庆皇帝亲审和珅时的军机处档案记载："帝问：'汝家中所盖楠木房屋，僭侈逾制，是否自宫中窃出？其多宝阁及隔断式样，均仿宁寿宫制度，是何居心？'和珅答曰：'楠木系奴才自己买的，曾差胡太监（按：和珅家太监呼什图）往宁寿宫画下图样仿造，故与宫中一样。'""'僭侈逾制'的地方，还有毗卢帽门口四座，太平缸五十四件，铜路灯三十六对"等，这些连亲王府都不该有的物件，和珅家却有了，若干年之后，只好被拆改呈缴到皇宫内院去了。从和珅家抄出的全部财富，约值白银 8 亿多两，相当于国库十几年的总收入。故民间有“和珅跌倒，嘉庆吃饱”之谚。

据《归田琐记》卷五《和珅》载：“又分和珅之第半为和孝公主府（和珅之子丰绅殷德尚十公主），半为庆亲王府（时尚为郡王）。”传说留下和珅第东路给和孝公主和丰绅殷德居住。又据《啸亭续录》卷五《庆僖王》载：纯皇帝末年觊觎（王位）者众,（庆僖）王答曰:“使皇帝多如雨落，亦不能滴吾顶上，唯求诸兄见怜，将和珅邸第赐居则吾愿足矣！故睿皇帝籍没和相时，即将其宅赐王居之，以酬昔言。”

庆郡王名永璘（1766—1820），乾隆皇帝最小的儿子、皇十七子，长得傻大黑粗，又不喜读书，只爱吹拉弹唱和游嬉。和珅宅第被收归内务府后，按照郡王府规制稍事改建后，更换了中路各殿堂的绿琉璃瓦顶，永璘才搬进去。永璘死后 3 年多的道光三年（1823 年）九月，和孝公主死后，整座府邸才全归了庆王府。

到咸丰初年，宣宗之子分府时（即由宫内专为皇子所居的三所，也叫阿哥所的殿宇移居宫外皇帝所赐府第居住），文宗将永璘后代所居之府收回，重修后，转赐其弟、恭亲王奕䜣（1832—1898）。而永璘后代辅国将军奕劻（1836—1918）迁往定阜大街原大学士琦善的空闲宅第中,光绪十年（1884 年）晋封庆郡王后，才将定阜大街宅改建为新的庆王府。

咸丰二年（1852 年），恭亲王奕䜣迁入新府。奕䜣经历三起二落：迁入新府的第二年任军机大臣并以亲王身份任军机处领班

恭王府后罩楼

军机大臣；后与咸丰帝兄弟间失和，于咸丰五年（1855 年）被免去一切职务；咸丰十一年（1861 年）奕䜣受到慈禧太后青睐，协助慈禧进行“辛酉政变”，剪除顾命八大臣后，授议政王，集军政外交、皇室事务大权于一身；光绪十年（1884 年），以中法越南战争中失利而被黜免全部职务，以醇亲王奕譞取代，时称“甲申易枢”；到光绪二十年（1894 年），日本侵略朝鲜时才被重新起用，仍主内政外交。

恭王府及花园，南北约 330 米，东西 180 余米，占地面积约 6 万平方米。

府邸占地 3.2 万平方米。其建筑分东、中、西三路，由多进四合院组成。中路轴线上主要建筑有：南向府门两重，大门 3 开间，前置蹲伏大石狮一对，二门 5 开间；二门内是中路正殿银安殿及东、西配殿；银安殿上覆绿琉璃瓦，红柱金饰，十分壮观，可惜

恭王府嘉乐堂殿

在1921年2月22日正月十五元宵节时，在殿内烧香祭神不慎失火而焚毁，今仅存台基遗址；东、西配殿一并焚毁。银安殿北为5开间硬山顶前出廊的后殿和东、西配殿；后殿悬“嘉乐堂”匾，传说后殿为神殿，是满洲神巫“萨满”祭神的处所，原无匾额；其东配殿为神器库，西配殿为银库。东配殿廊下至今还保存有一块石碑，上刻宣宗御笔画两幅：上幅题“东篱逸趣”，钤“道光御笔”玺一方，下署“道光戊子（八年、1828年）御笔”，钤“道”“光”连珠印；下幅题“清芬晓露丛”，钤“养正书画”印一方，下署“御笔”，钤“道光”印一方。碑下方署“和硕恭亲王子臣奕䜣尊藏墨宝、和硕醇亲王子臣奕譞摹勒上石”。

东路现剩二进院落：前院为5开间硬山灰筒瓦顶正厅“多福轩”，是奕䜣会客处，该殿正中有屏门，门上有匾额，门两侧有楹联，墙上挂着写有“福寿”二字的大匾十余块，据传恭王曾在此接见过英法联军谈判代表；东西各有5开间配房，院内有已生长200多年的古藤萝一架，故又俗称藤萝院。后院正厅名“乐道堂”，是奕䜣的起居室。

天香庭院匾

西路中进院落 5 开间正厅名“葆光室”，为咸丰帝御笔匾；两旁各有 3 间耳房,东西配房各 5 间。后进院落正厅名“锡晋斋”，原名庆颐堂，光绪六年（1880 年）奕䜣从成亲王府中得到西晋陆机《平复帖》后,存放室内,改名锡晋斋。西配房存放其他碑帖，因与《平复帖》相较，都不过尔尔，故名“尔尔斋”；东配房存放古玩，取名“乐古斋”。葆光室与锡晋斋两个院落之间有座垂花门，悬“天香庭院”匾额。院内有西府海棠两株，据说有 300 多年树龄。还存有椭圆形白石盘一个。

天香庭院垂花门

在此三路院落后边，有长 160 余米、贯连 50 余间的两层连檐通脊后罩楼，东部悬“瞻霁楼”匾，西部悬“宝约楼”匾；楼前檐出廊，后檐墙上每间各开一窗，下层均为长方形窗，上层为圆、方、桃、石榴、卷书、“福庆有余”等形式各异的什锦窗。其楼梯原为木假山形，后改成水泥梯。该楼中间偏西处原有1间过道门，通向府后的花园（名萃锦园，详见园囿）。

奕䜣死后，由其子载澂嗣子溥伟承袭王爵住于府中，溥伟之胞弟溥儒（名画家溥心畬 1896—1963）携眷居住于萃锦园中。另一位弟弟溥僡（叔明）也住园中。

清室亡后，溥伟将府邸部分室内东西（除字画）卖给日本山中商会，又以 9 万银元将府邸抵押给西什库教堂，然后到大连和肃亲王善耆搞复辟清室活动，十余年后利滚利变成 12 万元，溥伟无力偿还。后由罗马教廷办的辅仁大学（Catholic University）以教会间的关系，用 108 条黄金代偿债款，得到府邸产权，作为辅大女院，并把后罩楼通向花园的通道砌死，将府与园分开。据《中国天主教基础知识》记载：“中国外长陆徵祥于 1918 年与罗马教廷接触，双方同意建立外交关系。”1922 年，“教廷终于得以派遣宗座特使刚恒毅来到中国。”“1928 年，宗座代表正式公署在北京的前恭王府成立。”七七事变后，溥心畬又将萃锦园以 10 万银元卖与辅仁大学，校方拆改了后罩楼内的木假山式楼梯，大戏楼改为小型礼拜堂。

中华人民共和国成立后，在由北京艺术师范学院、中国音乐学院相继使用时，1952 年拆掉前院的四合院后盖了 1 座食堂，1959 年又拆掉府门外所有房屋，建起了曲尺形的琴楼和一字形的画楼各 1 座。此处原有阿思门（过道门）和影壁；还有两排倒座房，前排为王府的回事处、随侍处、管事处、佐领处、档子房、管领处、庄园处、置办处等办事机构用房，后排为俸禄米粮仓房；两排倒座房之间还有东房，为裁房、水房、厨房。

中华人民共和国成立后，花园曾由公安部、空调器厂、天主教爱国会占用为宿舍和生产车间等。

20 世纪 60 年代初，周恩来总理曾亲临恭王府视察，并说恭王府应对社会开放。副总理谷牧多次指示恭王府的保护和修复工作。全国人大代表、全国政协委员也曾多次提出建议、提案。1982 年 2 月 23 日，国务院公布恭王府及花园为第二批全国重点文物保护单位。1988 年 7 月，恭王府花园对社会开放，接待了大量中外游客。现正进行府邸部分的搬迁、修缮工作。届时，参观完府邸，再游览府园，可以鉴赏一个完整的历史文物的全部，也将成为一个完美的现代旅游项目。如果再与后海的摄政王府用胡同游的三轮车串联起来，增添历史的画面、突出府园的特色，将会构成环什刹海项链中两颗最耀目的明珠。再加上这条项链上其他明珠所发出的光彩，会吸引更多的游人前往。因为古与今的对比、人与景的结合、官与民的融会、诗与文的荟萃……将会成为一个社会的缩影，前景是非常诱人的。

庆王府

位于西城区定阜街西部路北 3 号，是晚清恩封的世袭罔替王府之一。

该府原为大学士琦善的宅第。琦善因在鸦片战争中擅许割让香港而获罪，被逮捕查办并籍没家产，有房160余间的宅第遂闲置。清道光三十年(1850年),宣宗第六子奕䜣被封为恭亲王。随后，将原庆王府（即恭王府）赏给奕䜣为邸。原庆亲王永璘（1766—1820）第六子绵性之第一子、绵悌嗣子奕劻此时世袭递降为辅国将军，被内务府迁至闲置的原琦善宅第。光绪十年（1884年)，奕劻由贝勒晋封庆郡王。之后，按王府规制进行了改建，始称为王府。10年后，奕劻又晋庆亲王，又过14年更得到以亲王世袭罔替的不世懋赏。

该府占地宽敞，建筑宏伟。府之范围：东起松树街，西至德胜门内大街；南起定阜街，北至延年胡同。其建筑分为东、中、西3部分，5个并排院落。中部是主要殿堂，其前部之大殿、后

庆王府旧址

殿等建筑已被拆除，建成了楼房，只剩一座后寝孤立院中。东部亦改建，现已难窥其原貌。保存基本完整的西部，是王府的生活居住区，有3组并排的院落。屋宇错落，回廊曲折，都呈华丽精致貌。原厅堂都有名称，且悬有匾额。奕劻的居处为“宜春堂”，其书房名“约斋”，客厅叫“契兰斋”，其他还有“静观堂”“承荫堂”“乐有余堂”（其长子载振的住室）、“爱日堂”等等。民国年间，匾额遗失。西部居住区的3组并排院落，各有大门出入。院落的北部是一座二层楼，俗称绣楼或梳妆楼，形制独特新颖，雕镂彩绘精致细腻，别具风格，呈倒“凹”字形。后园中，原有一座大戏楼，分为上下两层，占地面积1300平方米，可容纳约400人。每逢奕劻父子庆寿或有喜庆事时，便请戏班连着演唱大戏3天。据说，当时的著名京剧名角谭鑫培、王瑶卿、陈德霖、杨小楼等都到此唱过戏。

宣统皇帝退位后，庆亲王与其长子载振避居天津。1918年，奕劻死后，3个儿子载振、载搏、载抡将府之西部院落一分为三，分别居住，各开大门通向外边，东边的是3开间的宫门，中间与西边的门为垂花门。1923年，载振为避免引人注目，将朱漆广亮大门改成一般住宅的小门。不久，中院发生火灾，几乎被烧尽。1940年，以45万元伪币将府售与伪华北政务委员会建设总署。抗日战争胜利后，为国民党政府接收，设为十一战区长官司令部，后改为空军北平地区司令部。中华人民共和国成立后，京津卫戍区司令部设此，后为北京卫戍区所属机关使用。

1971年2月4日晚，大戏楼在演出《红灯记》时，后台因吸烟失火将大戏楼焚毁，之后在此遗址上建了礼堂。1976 年唐山地震波及北京时，廊子有一房之深的 5 开间正房“宜春堂”屋顶两端的精美龙头砖雕被震毁。

1984 年，庆王府被公布为北京市文物保护单位。

阿拉善王府

位于西城区毡子胡同 7 号，占地约 8000 平方米，与恭王府毗邻。二府之间有南北向窄巷，原称府夹道（中华人民共和国成立后被堵死）。

据红学家周汝昌先生考证：府主始于元太祖弟哈巴图哈萨尔的后裔阿宝，康熙四十三年（1704 年）尚郡主（有“鹅掌”郡主之称，传其手指间有蹼膜相连），授和硕额驸，赐第京师，由内蒙古阿拉善旗迁此额驸府邸。雍正二年（1724 年），阿宝因攻打准噶尔有功晋封郡王，府改为郡王府。乾隆十五年（1750 年），阿宝次子罗卜藏多尔济尚郡主，后晋郡王，时称罗王府。三十年（1765 年）晋和硕亲王。四十七年（1782 年），令世袭罔替。末代袭王叫塔旺布鲁克扎勒，于宣统二年（1910 年）袭爵，时称此府为塔王府。

1934 年，塔王家眷迁回阿拉善旗。中华人民共和国成立后，该府由国务院国家机关事务管理局管理。后改作公安部宿舍，俗称大观园宿舍。今其府建筑遗存部分房屋、院墙、家庙及花园。

阿拉善王府花园遗址雪景

涛贝勒府

位于西城区柳荫街路西。

原为康熙第十五子允禑（1694—1731）于雍正八年（1730年）晋郡王后的愉郡王府。东临柳荫街，西为松树街，南为定阜街，北接铜铁厂胡同。现有原建筑约 1000 平方米，坐北朝南，有门东向。府分中、东、西 3 路。中路有正殿、配殿、后寝、后罩房 4 进院落：前院南有门道，北有垂花门，东、西各有配房 3 间；二进院为三合院，有北房 3 间，东、西配房各 3 间；三进院为三合院，有北房 5 间及东、西配房；四进院为三合院，有北房 7 间及东、西配房。东路有四进院落：前院为四合院，有南房 3 间，东、西各有过厅 3 间，北有穿堂 5 间；二进院为三合院，有北房 5 间，东、西配房各 5 间；三进院为三合院，有北房 5 间，东、西配房各 3 间；四进院只有北房。西路有前后 3 排平房，前排和中排各为 5 间、后排为 9 间。再西有戏楼（已拆除改为操场）。南为花园，园中东、南两面有长廊，南面是假山，布有太湖石，山上有亭，园西亦有假山，园北还有两座花厅（现存 1 座），园中部和西北部有水池，园内有约 500 平方米古建筑及 1 座中式小楼。目前仍保持原建格局。花园南为马圈及空地（后改建为辅仁大学主楼）。

同治五年（1866 年），愉郡王后裔载瓈降袭辅国公后不久，以爵府不相符，迁居别处。同治七年（1868 年），居住于郑亲王府的钟郡王奕詥（1844—1868）卒后，郑亲王府复还于郑亲王后裔。因此，将愉郡王府又赐予钟郡王的承袭者载滢（奕䜣第二子、奕詥嗣子）为邸宅。至光绪二十六年（1900 年），载滢因罪革爵，

涛贝勒府

两年后奕譞第七子、奕詥嗣子载涛袭贝勒，故该府又称为涛贝勒府。

1925 年，罗马教廷派人来华以 16 万元租用该府，筹建辅仁大学。1930 年购买府南部马圈及花园前空地，建成横“日”字形、钢筋混凝土结构仿古楼。楼东有一方柱，上书“程明洳、张昆刚二烈士纪念碑”，立于 1952 年，由陈垣先生题。楼西有“一二·九运动纪念碑”，碑座为浅灰色岩石，碑身是汉白玉雕成展开的书形，立于 1988 年，由启功先生题字。以后将涛贝勒府作为辅仁附中校舍，今为十三中。

1950 年 10 月，中央人民政府教育部接办辅仁大学，1952 年与北京师范大学合并。1964 年，在拆除府之中、西路房屋后的空地上建起一座 4 层教学楼。此后又建起一座约 7000 平方米的综合实验楼，还于教学楼北建起仿府邸规格的 5 间北房、1 座小花厅和两排平房。

1995 年 10 月 25 日，被公布为北京市文物保护单位。

棍贝子府

位于西城区新街口东街路北。

该府原系康熙第三子、诚亲王允祉（1677—1732）被夺爵、禁锢而没收府邸后，继袭王爵的诚亲王允祉第七子弘暻贝子于雍正八年（1730 年）别建的新诚亲王府。

据《乾隆京城全图》：该府东起水车胡同，西至光泽胡同（火药局）；南邻新街口东街，北抵积水潭南沿。主要建筑有：面阔 5

间的正门，面阔 7 间的大殿；面阔各 5 间的东、西配楼；面阔 3 间的后殿，面阔 5 间的后寝；西路为府之主体，东院则是花园。

至清嘉庆朝，又将此府转赐给仁宗第四女庄静固伦公主，称庄静固伦公主府。公主下嫁的土默特世袭贝子玛尼巴达喇，曾加郡王衔，道光十一年（1831 年）晋贝勒。府中引积水潭水成湖，“城中引水独此及成邸耳”。湖中有土石相间的小岛，为别府所罕见，当系此府赐予公主后所特许。光绪六年（1880 年），其子棍布扎布袭贝子至清亡，时称棍贝子府。

中华人民共和国成立后，此府改建为积水潭医院，原建筑大部分都拆除，仅存两幢硬山过垄脊的重楼、歇山筒瓦卷棚顶 3 间花厅和湖池、假山。

棍贝子府

兆惠邸

位于后海前井胡同3号至7号。

兆惠（1708—1764）字和甫，姓乌雅氏，满洲正黄旗人。孝恭仁皇后（雍正帝生母）裔孙。雍正、乾隆朝任内阁中书、内阁学士、刑部和户部侍郎、镶红旗和正黄旗护军统领、御前大臣、协办大学士、刑部尚书等职。乾隆二十一年（1756年）进驻伊犁，在平定伊犁回部布拉尼敦霍集占及阿睦尔撒纳叛乱战役中，历尽艰险，功勋卓著，并且奠定了西北疆土的扩展界限，明确了清代的西疆管辖区域的版图，为国土的统一做出了很大的贡献。二十三年（1758年）十一月，以功封一等武毅谋勇公，世袭罔替。

该邸情况据《宸垣识略》《光绪顺天府志》等记载，尚存大门、二门、正房，院落三重，近30间房，旧日风貌尚可辨认。现前部已改建，原貌无存，3号后院仍存一组三合房：北房及东、西配房，北房出廊保持原来面目。今5号改为山东潍坊市人民政府驻京联络处，7号为民居。现存房皆为乾隆朝早期遗构。它曾接过驾，公主也曾下嫁于此。据《清史稿·兆惠传》载："（乾隆）二十九年（1764年）十一月卒。上监其丧。"其正房五间，当为高宗监丧之地。据李宝臣先生撰文说："先世伯吴源清先生，兆惠公之七世孙，嗜京剧，谙掌故。在世日曾谈及此事，颇生动细微……乾隆帝监公太爷（兆惠）之丧，悼念旧臣而欲眷其幼子。赐奠之际，将自己所佩带的荷包置于灵前，以示嫁女之意。时帝之九女和硕和恪公主方七岁。八年之后，公主十五岁，始与兆惠

原兆惠邸改建的办公用房

子扎兰泰成婚。”为表彰兆惠的杰出贡献，乾隆皇帝还将兆惠绘图形于紫光阁，其封爵世袭罔替（五世八次），加恩晋赠太保，入祀贤良祠，并入祀太庙西庑。

兆惠邸是清代留存至今的极少的一座民公（非皇族所封的公爵）宅第，其制应与贝子府等同。其时代和曹雪芹著《红楼梦》的年代相近，因此欲寻求红楼素材，此宅远比晚清时的恭王府及花园更具有历史的真实性和乾隆早期的时代感。

张之洞邸

位于白米斜街 11 号。

张之洞（1837—1909），直隶（今河北）南皮人。自幼好学，有“神童”之誉，12 岁时已著书出版文集，16 岁中举人，27 岁中探花并授翰林院编修。后任山西巡抚，两广、湖广、两江总督，军机大臣兼管学部等职。其一生中，镇压过起义军，屠杀过维新派人士；不但力主抗击外敌入侵，还督军取得抗击法军入侵的镇南关（今友谊关）、谅山大捷，是鸦片战争至清朝灭亡期间清军唯一一次对外敌的胜利；主张剿灭义和团，在义和团运动后又策划维护帝国主义列强在华的利益；晚年改革积弊，筹办洋务，兴办新学，成为洋务派首领，曾创办汉阳铁厂、大冶铁厂、湖北枪炮厂。毛泽东曾经说过：“讲到重工业，不能忘记张之洞。”

张之洞府邸旧址

张之洞曾自称其在白米斜街的住所为“最胜桥东第一宅”。

该宅坐北朝南，大门外有照壁、上马石、拴马桩，大门左右为八字门墙。门内房屋很多，宅后临什刹海前海。由东至西，自南而北有两排各 5 间的平房及后临前海面阔5间的二层楼（又称东楼）；倒座房、二门、3间正厅及各3间的东、西配房，3间后堂及各3间的东、西配房；两间花厅，临前海而建的面阔7间的高台建筑（看似两层，又称中楼），中楼西有面阔6间的西楼。院中临海平列的3幢小楼很有特点：东楼前后带廊；西楼也前后带廊，且为玻璃门窗；中楼是座高台建筑，台为城砖所砌，台上前有花栏、左右两侧有台阶。中楼前的两间花厅也很有特点，灰顶天花，四面带廊。院内各房屋之间有长廊相连。

张之洞在此居住时，什刹海的优美风景及其文化积淀，使他产生了热爱之情。曾写诗歌咏之，“最胜桥东第一宅”诗句，出自他《晓起至石闸海（按即什刹海）看荷花，奇克坦泰观察邀入水轩置酒，素不识主人，赋诗谢之》一诗中。下面再录其《政务处诸公招同樊樊山廉访游积水潭，示樊山》七言绝句诗二首：

东省夔龙坐上齐，招凉同到后门西。
旧人惟有樊山老，愁绝僧墙续旧题。

对岸乔林付爨烟，荷花愈少愈堪怜。
虽然不是沧桑事，但惜西涯变稻田。

张之洞邸今改作石油部家属宿舍，原建筑基本保存，但花园、假山及亭已毁。

园　囿

定国公园

据《帝京景物略》记载，“环北湖之园，定园始”。定园即定国公园。明朝开国皇帝朱元璋，命大将徐达率领北伐军乘胜北上，元军节节败退，明洪武元年（1368 年）明军攻下大都城，徐达以后又协助燕王朱棣镇守北平，颇著劳绩，朱元璋特赐徐达在积水潭南建立苑囿。朱棣起兵与朱允炆争夺帝位时，徐达的次子徐增寿住在南京，站在朱棣一边，多次通报朝廷里的情况，增寿之姐又是燕王朱棣的妃子，被朱允炆所杀。朱棣称帝后，特加封徐增寿为定国公，子孙世袭，居住北京。嘉靖朝，徐增寿五世孙徐光祥官至太师。因此，定园又称太师圃。该园在今蒋养房胡同北，北至积水潭南岸之板桥头条一带。园之特色以自然景色取胜，显得古朴幽雅。入园后，有屋 3 楹，榜曰“太师圃”。园内有高柳巨槐，浓荫满地，还有一池，遍植荷花。池北有一厅堂，与周围遍生之芦苇，形成荒村农舍的一派田园野趣。清顺治朝，有位工书画的名叫张学曾的人，有五言律诗《社集太师圃》道：

苑外湖光净，桥西野色分。
花晨先着雨，亭午不飞云。
同客俱乡思，征诗得酒群。
清游余恋恋，车马散斜曛。

余廷吉《游定园》诗写道：

一径浓阴合，行行似野扉。
穿林榆影乱，隐几鸟声围。
曲水函山定，翻荷向座辉。
迟回应不厌，月堕醉方归。

该园连同什刹海周边的漫园、镜园、刘茂才园、英国公新园等明代所建的几座名园，今皆不存。

鉴园

位于恭王府北的小翔凤胡同5号。

该园是恭亲王奕䜣在府外另建的一所小花园。据《燕都丛考》引《骨董琐记》记载："大、小翔凤胡同，清恭王别邸在焉。清时禁令颇严，声伎等事不得入邸，故王于此创别业以为招致声伎之所。院临后湖（即什刹后海），座设明镜以揽山色水光之胜。民国后，为吉林宋小濂铁梅所有，题曰止园。"

鉴园

该园坐北朝南，大门对面有照壁，门内有影壁。整园分成东西两部。东部为三进院落，每一进院落的北房和厢房间皆有抄手游廊相连接，地基也逐进院落加高，最后一进院落的房屋高过后院墙，外看似楼。室内楠木装修，正房 5 开间皆以碧纱橱隔为前后间，中间北侧有落地罩木床，镶有与墙相同大小的镜子，从镜中可以饱览湖光水色。西部为花园，中有 9 间南房，房北为太湖石和青石叠成的假山。东边有爬山廊，山上有六角攒尖亭，山前有花厅，花厅后为勾连搭前出轩大厅。现今有些旧建筑皆已拆除，改建为楼房。

1987 年，该园被公布为西城区文物保护单位。

萃锦园

萃锦园即恭王府花园，占地约 2.8 万平方米。正门在南面正中，为西洋式砖石雕花拱券门，门内外均有石刻门额，外书“静含太谷”，内为“秀挹恒春”。门内正面耸立一长形太湖石，顶部刻“独乐峰”。门内左右为青石假山。在此轴线上由南往北依次为 ：“福河”，为蝙蝠形小水池，也叫“元宝池”，池周种有一圈榆树，池西边有石桥名“渡鹤桥”；名“安善堂”的前出抱厦、5 开间的正厅，据说是奕䜣在花园内会客之处，东配房名“明道堂”，西配房名“棣华轩”；方形水池，池内垒有象征“蓬莱三仙岛”的小山 3 座；内砌青石、外包土太湖石的假山，叠石成龛形的秘云洞中嵌有康熙御笔“福”字碑，假山上有 3 间敞厅，厅前为三面护以石栏的“邀月台”，两侧都有爬山廊通向东、西配房 ；前后各出 3 间歇山顶抱厦、两侧又接出 3 间折曲形耳房的 5 开间的正厅，因形如蝙蝠，得名“蝠殿”，又叫“蝠厅”。在此中路前方东面，有名为“沁秋亭”的八角形流杯亭 1 座，还有名为“艺蔬圃”的半亩菜园。再自南而北依次为垂花门第一进院落，院内有东房 8 间、西房 3 间，院北即三卷勾连搭式大戏楼，戏台内檐正面悬挂“赏心乐事”匾，戏台后为演员化妆室，戏楼内檐彩画全为藤萝花饰，北部为女客、

萃锦园园门

萃锦园内诗画舫

贵宾看戏及休息处，中间是散座；过山谷有北房数间的小院落称“北正房”，据说原是恭王府的祠堂。园之中路的西面，由南至北为：墙顶砌成雉堞状、墙上辟券洞、洞北有“榆关”匾额的城堡式墙，墙两端接青石假山，“榆关”内有坐南朝北名为“秋水山房”的 3 间敞厅，东有海棠式方亭 1 座名“妙香亭”，西有西房 3 间名“益智斋”；方形大水池，池心有水座 3 间，是四周带坐凳栏杆的敞厅，名“观鱼台”，又叫“诗画舫”；名“澄怀撷秀”的 5 间两卷房；花房，20 世纪 30 年代时连同其西的花神庙一起被辅仁大学拆除，建起司铎书院楼。园西边围墙处，由榆关至澄怀撷秀的西侧，有南北向土山 1 座。园东边围墙处，各层院落以东，有一排南北向青石假山。

据载滢《云林书屋诗集》卷二《补题邸园二十景》：曲径通幽、垂青樾、沁秋亭、吟香醉月、艺蔬圃、樵香经、渡鹤桥、滴翠岩、秘云洞、绿天小隐、倚松屏、延清籁、诗画舫、花月玲珑、吟青霭、浣云居、松风水月、凌倒景、养云精舍、雨香岑。

关于恭王府花园，还有许多疑为《红楼梦》大观园的考证、附会、传说等。叙及园中有多处与书中记述相像之处。如都有“曲径通幽”的景色；“渡鹤桥”边曾养过鹤，与《红楼梦》中“寒塘渡鹤影”诗句所描写近似；蝠厅“香气袭人”像贾宝玉住所怡红院。就连王府及花园四周的地名，也被联系在一起：贾母在“清虚观”打平安醮之处，就是位于旧鼓楼大街的“清虚观”；贾琏偷娶尤二姐的小花枝巷，与王府西北的花枝胡同是同一条巷子；近在咫尺的旧鼓楼大街，还有薛家开的当铺。从地理位置上讲，“恰与《红楼梦》中所叙符合”，而且“处处吻合，丝丝入扣”。遗憾的是，曹雪芹先生西归之年（1763 年或 1764 年），和珅才十三四岁，当时还没有“和第”，更没有萃锦园。主张恭王府花园是大观园的红学家们，常常绕过这段事实不谈。据说，关于恭王府花园是不是大观园的争论，还曾反映到周总理处，周总理实地考察时说：“要说人家是想象，但人家也总有些理由。不要轻率地肯定它就是《红楼梦》的大观园，但也不要轻率地否定它就不是。”2002 年

萃锦园内流杯亭

8 月，红学家周汝昌先生又发表了一篇《恭王府新证》的文章。文中有“胤䄉府就是今恭王府东邻的大府邸，民间父老只言‘东府’，不言其‘主’名”；“世代沿称的它的对面的另一大府，就叫‘西府’……是与‘东府’同样古老、同样品级、同样命运的‘神秘之府’”；“府东墙发现了带字的墙砖上，分明有一行‘万历十年’的字迹……府内东南一院的房屋有‘小五架梁’木建筑，也是明代的确证”；“这座大府，九道院落，恰与《红楼梦》中所叙符合”；“在那‘东院’以南的‘南院马棚’起过一回火，吓得贾母立时派人到‘火神庙’烧香，火神庙正在前海东岸；所有小说中一切方位，处处吻合，丝丝入扣”；“‘胤祯’被雍亲王篡改为‘胤禛’，夺了帝位，将真胤祯改名软禁在景山……（胤祯之孙）永忠所居之‘府’，还是他家老府的一个角落，地点正在我们的‘大观园’范围”。新的论据，耐人寻味，联上《红楼》，更增好奇。

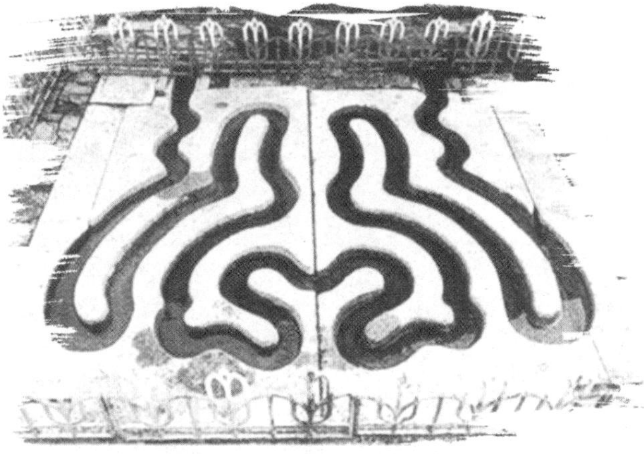

萃锦园内的
流水槽

明珠宅西园

位于后海北岸。

明珠宅西园内的重要景点是渌水亭。明珠长子纳兰成德，为避太子幼名改为性德。他喜诗文，尤工词，成为清代第一词人。与江南文士严绳孙（授翰林院检讨）、陈维崧（为清初阳羡词派主将）、姜宸英（进士）、朱彝尊（清初浙西词派主将）、顾贞观（与陈、朱并称“词家三绝”）等人成为忘年交，常雅集于渌水亭等处诗酒唱和，留下不少描写渌水亭周边景物的诗作。渌水亭园成为康熙朝的文坛胜地。纳兰成德的《渌水亭宴集诗序》说：“予家象近魁三，天临尺五，墙依绣堞，云影周遭；门俯银塘，烟波滉漾。”其《渌水亭》诗：“野色湖光两不分，碧云万顷变黄云。分明一幅江村画，着个闲亭挂夕曛。”朱彝尊《台城路》写道：“林渊锦镜。爱压水虚亭，翠螺遥映。几日温风，藕花开遍鹭鸶顶。”

明珠宅西园（宋庆龄故居内恩波亭）

该园后被赐给成亲王。据《啸亭续录》记载：成亲王永瑆时，“府中有恩波亭，以恩赐引玉河水入宅也，今为樀贝子府”。光绪十四年（1888 年），慈禧太后将宅园赐予醇亲王奕譞。中华人民共和国成立后，1963 年成为北京宋庆龄故居。据醇亲王后裔溥任说：宋庆龄故居院内的恩波亭，即在渌水亭原址上所建。

1982 年已公布为全国重点文物保护单位（北京宋庆龄故居）。

盛园

位于小石桥胡同 24 号。

原为清末邮传部大臣盛宣怀的宅邸，故称“盛园”。该园由东、西两部分组成。东部为东、西二路住宅；东路有亭、廊、正房、花厅等；西路有三进院落，由南至北的一进院落中有 3 间北房带耳房及东、西厢房，二进院落中有 5 间北房各带两间东、西厢房，三进院落中有 3 间北房带耳房。西部为花园：假山在园中西南，园东、南、北分别建有 3 间或 5 间的北房，园北有垂花门通北部院落。

日本侵占北平时期，伪华北政务委员会委员长王荫泰曾在此居住。中华人民共和国成立后，东院部分拆除建为楼房，由文化部幼儿园使用。西院曾居住过董必武、康生等，“文化大革命”后改为竹园宾馆；原有的两座花厅和长廊、假山保留，又增建听松楼等建筑。

1989 年 8 月被公布为西城区文物保护单位。

盛园

婴园菊园

位于新街口北大街。

该园辟于 20 世纪 30 年代。1931 年九一八事变后，日本侵占东北三省，时任中东铁路督办公署编译处编译委员的刘婴园全家迁至北平，在德胜门城根购地约 4000 平方米，培植菊花。该园坐西朝东，三进院落。大门口有陈叔通题额“婴园”。门内有花房名“仰止庐”（邵伯纲题），西侧有假山名“见山台”，台上建“望湖亭”（章士钊题），亭对面为内悬屈原、陶潜、杜甫、白居易、苏轼、陆游等画像的“小诗龛”（叶恭绰题）。前院北屋名“晚香簃”（商藻亭题），南屋是温室花房名“寒荣室”（商云亭题）。中院北房名“延龄馆”（张菊生题），东厢房名“寄傲轩”（邢冕

徐悲鸿纪念馆

之题），西厢房名“守澹斋”（陈紫纶题）。后院为家人的住所名“静修居”（桂南屏题）。菊园占地2630平方米，可陈列菊花2000余盆，培植菊花达1000余种。

中华人民共和国成立后的20世纪50年代，毛泽东主席曾3次来园赏菊，周恩来总理、朱德副主席、邓小平总书记等也多次莅园观菊，并题词、赋诗。外国友人和大批文化界名人也常来观赏，盛况空前。

1960年，76岁的刘婴园先生将该园无偿捐献给北京市人民政府，由市园林局接管。“文化大革命”初期逐渐荒废。1973年，利用其址建成徐悲鸿纪念馆。

潭苑

位于前海北岸。

1986年围堰兴建，翌年2月竣工。包括水榭、亭、廊和营业用房，造型别致，与前海湖心岛的“凉亭”构成一组景点。开始由中国五金矿产进出口公司下属单位经营珠宝玉石，后改办公用房。2002年在前海实施亮丽工程，湖心岛、潭苑、荷花市场等处安装礼花灯、轮廓灯、绿地灯、步道灯、护栏灯等，使前海夜间灯光成为北京市的一景。小王府餐饮（集团）控股有限公司

潭苑

在此改造成小王府酒家。

前海小公园

为完善前海小公园的休闲游乐设施，1984 年 9 月在小公园内修建茗园，经营茶水、小吃等（后改成客家酒楼）。2000 年 8 月，将 30 多个树种、120 多个品种的盆景移入小公园内，将占地 3500 平方米的小公园改造成盆景艺术苑，在城区建立起全市首家盆景艺术苑。

儿童乐园

位于德胜桥东侧后海南岸西部。

1987 年 9 月，由西城区妇女联合会向社会各界募集资金建成，中华全国妇女联合会主席康克清（朱德夫人）题写“西城区什刹海儿童乐园”园名，刻石立于德胜桥东侧。园内有高架天车、章

什刹海儿童乐园

鱼等大型游艺机和小型玩具设施。北京军区空军还向儿童乐园赠送退役飞机一架供参观游玩。为纪念捐赠者善举，在儿童乐园中心树立一座纪念碑。1989 年后，什刹海公园管理处在此开办早市和花鸟虫鱼市场。至 2000 年，采纳群众意见，早市及花鸟虫鱼市场予以撤销、停办、拆除，又成为儿童娱乐的好去处。

门　楼

地安门

位于地安门外大街南端，什刹海东南，北京城中轴线上景山与鼓楼的中间部位。

该门建于明永乐朝，是皇城北门，称北安门。清顺治九年（1652年）改名为地安门，又俗称后门。建筑为7开间黄琉璃瓦单檐歇山顶调大脊。开启3门：中间门道为皇帝专用，平时只开左右次间的门道用以通行。两梢、尽间为警卫用房。

据传，地安门的门墩系黄金制作，门墩下埋有一只金老鼠，头尾连成的延长线恰恰是北京城的中轴线，故什刹海地区曾流传

地安门

“金门槛儿，金门墩儿，机灵鬼儿，透亮碑儿”的俗谚。俗谚中的“金门墩儿”，即指地安门的门墩。

北京政变后，皇室优待条件被取消。1924 年 11 月 5 日，末代皇帝溥仪被逐出紫禁城时，即由此门离开皇城，然后在国民军兵士的护送下坐汽车到其父载沣的醇亲王府（摄政王府）暂住。同时被逐的部分太监曾在此门楼暂时居住、停留。

1955 年 2 月 3 日，地安门被拆除。

德胜门箭楼

位于北二环路西段靠中间位置，西海与后海分界处的德胜桥北。

德胜门箭楼

德胜门是北京内城的 9 座城门之一，在内城北城垣西侧。明洪武元年（1368 年）徐达率军攻下元大都后，将元大都北城垣南移 3 公里后筑城时所设的两座城门之一。

德胜门箭楼建成于明正统四年（1439 年），位于瓮城前缘，是保护城门的军事堡垒，与城楼、瓮城组成了一个城防建筑群体。此后，明、清两代多有维修。

1921 年，城楼因梁架朽坏而被拆除。之后，又拆除瓮城。中华人民共和国成立后的 1951 年，国家拨专款对幸存但已残破的箭楼进行修缮。1979 年 8 月 21 日，被公布为北京市文物保护单位。1980 年，对在 1976 年地震中遭损坏的箭楼进行了全面的修整。

德胜门箭楼雄踞于砖石结构的高大城台之上，城台高 12.6 米，东西宽 39.5 米。箭楼坐南朝北，灰筒瓦绿剪边重檐歇山顶，平面呈倒“凸”形，前楼与庑座合为一体，3 座过梁式门朝南开；北侧楼体面阔 7 间，东西 34 米，南北 12 米；南侧庑座面阔 5 间，东西 25 米，南北 7.6 米，通进深为 19.6 米；楼体高 19.3 米，上下共有 4 层，并有箭窗射孔 82 个，其中北侧 48 个、东西两侧各 17 个。城台上陈列铁炮数门，台北筑有雉堞，俗称垛口，每座垛口高 1.9 米、宽 1 米、厚 0.7 米；台南为女儿墙，高 1 米多。

1982 年，成立北京市德胜门箭楼文物保护管理所，箭楼对外开放。

钟楼、鼓楼

1979 年公布为北京市文物保护单位。

鼓楼

位于地安门外大街北端，什刹海东北。

鼓楼是元、明、清三代北京城的报时中心。元至元九年（1272 年）建，原名齐政楼。对其具体位置学术界有不同说法。据《北京历史地图集》标绘在今旧鼓楼大街南端。明永乐十八年（1420 年），被毁于火后于今址处重建。

鼓楼为单体木结构楼阁式重檐三滴水歇山顶，灰筒瓦绿剪边，通高 46.7 米，通面宽 47.8 米，通进深 29.2 米。楼底层共有 8 座拱券式门：南北各 3 座，东西各 1 座。东北侧有 1 券门，内有登楼石阶梯 69 级达于二楼。二楼的四面均有六抹方格门窗，四周有廊，带木护栏，望柱高 1.55 米。第三层是暗层。整座建筑坐落在高约 4 米的砖石台基上，南北有砖砌台阶，东西为墁坡路。总占地 6856.5 平方米，建筑面积 2736.3 平方米。

古代报时器具更鼓，置于二层，原有 25 面，1 大 24 小。现仅残存大鼓一面，鼓高 2.2 米、鼓面直径 1.4 米，用整张牛皮制成，鼓面上的刀痕系八国联军侵入北京时日本军队所遗留的罪证。

鼓楼上的计时器具原为铜壶滴漏，至清代改用时辰香计时办法。据《北平歌谣集》记载："民初有谣云：钟楼高，鼓楼矮，假充万岁袁世凯。铜子改老钱，铁杆打老袁，要过太平日，还得二三年。"民国十三年（1924 年）废除报时，当时京兆尹薛笃弼为使民众不忘国耻，还曾将鼓楼改名"明耻楼"，并在楼内展出八国联军侵华实物及模型供人参观。不久，新京兆尹上任后以古迹不宜擅改而仍复名为"齐政楼"。第二年，在此设"京兆通俗教育馆"，陈列各种图片模型，在宣传忠孝节义的同时，也宣传吸鸦片、赌博、蚊蝇及随地大小便之害。

鼓楼内陈设

1949 年，军事管制委员会接收后，改设北平市第一人民教育馆。1957 年 10 月 28 日被公布为北京市古建文物保护单位。2001 年钟鼓楼文物保护管理所委托西安市鼓业有限公司等单位，依清嘉庆朝更鼓尺寸新制更鼓 25 面，置于二楼。大鼓 1 面直径 1.6 米，高 2.4 米；小鼓 24 面，每面直径 1.12 米，高 1.6 米。是年 12 月 31 日夜，沉寂 70 多年后，鼓楼的鼓被重新奏响，重现了老北京鼓楼报时的场景。击鼓撞钟的方法，照例为“紧十八、慢十八、不紧不慢又十八”，两次共 108 下。

钟楼

位于鼓楼北约 100 米处。

钟楼亦是报时台，与鼓楼同时建，元时地址也有争议。据《北京历史地图集》标绘在今旧鼓楼大街北端。后在明永乐朝于今址重建。

钟楼为单体砖石结构楼阁式古建筑。下部为 3.7 米高的砖石台基，上为楼体。黑琉璃瓦绿剪边重檐歇山顶，通高 47.9 米，占地 5740 平方米，建筑面积 1478 平方米。底座四面各有一座拱券式大门，内部东侧有 75 级石台阶达于二楼。二楼四周筑有雉堞，每面又各有一座拱券门，门左右各有石雕窗，四周有汉白玉石护栏，望柱高 1.6 米。

报时器具原为铁钟，高 4.4 米，直径 2.4 米，重约 25 吨，铸造于明永乐朝。不久，便因其声不洪亮，以新铸的铜钟替换。铜钟通高 5.55 米，直径 3.4 米，重约 63 吨，悬挂于二楼正中的八角形木框架上，西侧有一根 2 米长撞钟所用的圆木。该铜钟堪称世界之最。

关于大钟的铸造，还有一个传说故事。相传钟楼上最初并没有钟。到了明代永乐朝，皇帝下令，命铸大钟悬于钟楼上。于是，工部便召集全国各地的工匠来京在钟鼓楼西侧开了个铸钟厂，并以老邓头为工匠头。老邓头有个女儿，每天回到家都要问她爹："钟铸成了吗？"20 多天后，一口铁钟铸成了。皇帝一看，十分不满；再一听钟声，更为恼火；责罚工部大臣后，限 3 个月内铸成 2 万斤重的铜钟，铸不好就杀头。老邓头带领工匠们又铸铜钟，反复多次均不能成功，工匠们都非常焦急，最后期限还剩一天时，老邓头回家后，听女儿问起铸钟之事，只能唉声叹气，女儿也替她爹着急。第二天，邓姑娘也去了铸钟厂，听小工匠说："铜汁儿怎么也不对头，再铸不成，到太阳落山时我们大家就没命了。"姑娘听后，决定舍身救父。她乘人不备，纵身跃入化铜锅里，老邓头赶紧拉时，只抓到女儿的一只绣花鞋。就在此时，化铜锅内的铜汁儿放出异彩，工匠们擦干眼泪后马上动手铸

大钟

钟，竟然获得了成功。敲击后，钟声传远绵长，仔细听还有“爹—鞋—”的声音。“每遇风雨，鸣声更异”（《燕京访古录》）。听老人们说，这是邓姑娘在跟爹要她的那只绣花鞋呢。后来，为纪念这位传说中的孝女，工匠们在钟楼西侧不远处（今小黑虎胡同）修建了一座娘娘庙，匾额为“金炉圣母铸钟娘娘庙”。久而久之，她便成为铸钟厂的祀炉神铸钟娘娘。庙坐北朝南，有山门1间，前、中、后殿各3间，中殿东、西有配殿各3间，东跨院有北房5间。今为民居。原庙中《铸钟厂碑》及《金炉圣母铸钟娘娘庙重修碑》等今已不得见。今钟楼西侧留有铸钟胡同（清乾隆时称铸钟厂胡同）的地名。至于那口大铁钟，在钟鼓楼间闲置500多年后的1983年，被移至大钟寺古钟博物馆。

民国十三年废除报时后，钟楼被辟为教育馆（鼓楼）附设的电影院，上演无声电影，一小时一场，一场一角钱。日伪时期停办，成为防空演习时军警的监视点，登楼瞭望后，对附近居民违反军火管制者予以查办。1946年后又恢复了电影院。中华人民共和国成立后，成为北城少年活动站。1957年10月28日被公布为北京市古建文物保护单位。1984年修葺时，在钟楼东北面墙上发现了刻写的“Mainoli1901”字迹，这是当年八国联军中的意大利人梅诺里刻写后留下的罪证。1990年除夕，钟楼重新撞响钟声。

钟楼南面立有清乾隆御制重建钟楼碑一座。

1996年11月20日，鼓楼、钟楼提升为全国重点文物保护单位。

寺　庙

火德真君庙（火神庙）

在地安门外大街路口处安装的胡同纪念牌上写有如下内容：“北起鼓楼西大街，南止地安门西大街。地安门元代为厚载红门。明代为皇城北门，名北安门，俗称后门。清代改名地安门，街中段有万宁桥，俗称后门桥。因其在地安门外，故名。万宁桥以北称鼓楼前大街。民国后两街合并，称地安门外大街，沿用至今。”

街中段有后门桥，北端为鼓楼。西侧有火德真君庙等文物古迹。据《京师坊巷志稿》记载：“火神庙在（万宁）桥西，濒十刹海[①]，唐贞观时火德真君庙遗址。”

又据《北平庙宇通检》记载，旧时北京城里有火神庙17处之多，而历史最悠久、传奇色彩最浓的就要算位于万宁桥西北侧、前海东岸的这座火神庙了。

庙坐北朝南，东向开门。黄琉璃筒瓦绿剪边歇山顶山门3间，

①什刹海也作“十刹海”，有一种说法是因四周有十座佛寺，故有此称。

山门外有旗杆，山门内有钟鼓楼。东向山门内外各有一座牌楼。前殿为面阔 3 间，灰筒瓦歇山顶绿琉璃瓦剪边，名灵官之殿。二进殿是面阔 3 间，一殿一卷式勾连搭建筑，前卷为硬山箍头脊，后为歇山蓝琉璃瓦绿剪边筒瓦顶的火祖殿。三进殿为上下两层，硬山调大脊，蓝琉璃瓦绿剪边筒瓦顶的斗姥阁。四进殿名万寿景命宝阁，亦为上下两层，硬山调大脊，黄琉璃瓦顶。东西有两层配楼，硬山调大脊，灰筒瓦绿琉璃瓦剪边。殿后有亭，可观望什刹海，现已无存。

这已是明代末年时道观的规格了。此前，殿顶都是灰瓦。元末至正六年（1346 年）时，火神庙曾进行过大规模的修缮，殿顶依旧。到明万历三十三年（1605 年）时，为了表示皇室对火德真君的崇敬，改成了蓝、绿色琉璃瓦殿顶。到清乾隆二十四年

火神庙修建工程现场

（1759 年）重修时，又将山门及后殿顶改为黄琉璃瓦，更使庙宇增添了皇家色彩。庙宇规模虽不大，但档次不低。

前殿灵官殿面阔 3 间，因内悬有明万历皇帝御题的“隆恩”匾额，故也有称此前殿为隆恩殿的。殿上供奉道教护法，亦为火神之一的灵官神像。火祖殿面阔 3 间,悬挂清乾隆皇帝御题的“司南利用”匾额。关帝殿，面阔 5 间。皇极殿面阔 3 间，重楼内有明万历皇帝御题的“万岁景灵阁”和清乾隆皇帝御题的“万寿景命宝阁”匾额，供奉着玉皇大帝。东配楼称玉皇阁；西配楼称斗姥阁，内供奉北斗星之母斗姥真君及左辅右弼塑像，上悬乾隆皇帝御题的“妙统辰枢”匾额。共有房 82 间。殿阁北有亭，可望什刹海。

在明万历朝，由于皇室带头尊崇，庶民效从，致使火神庙香火极盛，达到了它的鼎盛时期。

正值此鼎盛时期，火神庙发生了火灾，皇极殿被毁。专门供奉可为信奉者消弭火灾、具有护国佑民灵通的火神——火德真君的庙宇，却遭受了火灾，简直是天大的讽刺。万历皇帝极为震惊，认为神不受祀，自焚其庙，乃不祥之兆，国家必有灾异。因此，即命工部立即修复火毁之殿堂，还派道箓司（朝廷管理道教事务的衙门）主持举办“消灾”道场。

真是“无巧不成书”。数年后的明天启六年（1626 年）五月初六日，王恭厂（今宣武门象来街一带）发生灾异。据《明季北略》记载：“天启丙寅五月初六日巳时，天色皎洁，忽有声如吼，从东北渐至，京城西南灰气涌起，屋宇动荡。须臾，大震一声，天崩地塌，昏黑如夜，万室平沉，东自顺承门（宣武门）大街，北至刑部街，长三四里，周围十三里，尽为齑粉，屋数万间，人二万余。王恭厂一带糜烂尤甚，僵尸层叠，秽气熏天，瓦砾盈空而下，无从辨别街道门户。震声南自河西务，东至通州，北至密云、昌平，告变相同，城中屋宇无不震裂。举国狂奔，象房倾圮，象俱逸出。遥望云气，有如乱丝者、有如五色者、有如灵芝黑色者，冲天而起，经时方散。”据《明史》记载：“王恭厂灾，地中霹雳声不绝，火药自焚，烟尘障空，白昼晦暝，凡四五里。”这在当时确系大事，故记述颇多。但有的认为是地震造成，有的认为是火药爆炸引起，有的认为是地震引发火药爆炸所致，成为一个难解之谜。还有的在活灵活现地记述后，又归之于火德真君显圣，且又出自于万宁桥侧之火神庙，给这座古庙罩上了一层神秘的色彩。

其实，这并不是火德真君显圣。据《熹宗实录》记载：“是日，蓟门地震。据报：密云县本月六日巳时，从西南方来，有声如雷……王恭厂一带，其房屋尽属倾颓，震压多命……”该书还说：王恭厂灾后，“吏科都给事中杨所修等、掌道御史王业浩等各合词上慰，疑有奸细焚火药，乞敕严防密稽，仍行该城查恤被灾人户，上是之”。上述，在说了王恭厂灾由地震造成的依据后，又说了引起火药爆炸的具体原因——奸细破坏。从“巳时”（指上午九点钟到十一点钟的时间）来看，应是正在生产过程中，有无操作不当或设备问题而引起火药爆炸呢？似乎都有可能。在此只权当拾趣吧。

《京师坊巷志稿》载，在火神庙后，元时有万春园。清纳兰成德《渌水亭杂识》说:“万春园,进士登第恩荣宴后,会同年于此。”元代诗人宋褧在《同年会》诗中描写道:“临水亭台似曲江,同年人物宴华堂。”元代“北京古海港”的兴建,漕运兴盛时往来如梭的漕船均经过火神庙门前,以致鼓楼前大街成为繁华的商市,使以前火神庙野景野趣的环境大大改变。入明,漕运停后,遂成为游览胜地。明代文学家袁中道经过火神庙,曾赋有“作客寻春易,游燕遇水难。石桥深树里,谁信在长安?”的诗。地安门外鼓楼前成了繁华的闹市后,火神庙失去了其清静怡然的幽雅环境。

火神庙每年举办的活动很多。每逢道教节日,都要举行盛大的斋煞活动。正月初九日为玉皇大帝诞辰(民间谓之“天诞”),二月十五日为太上老君诞辰,夏至为上清灵宝天尊诞辰,冬至为玉清元始天尊诞辰,逢此诞辰庙内均有祝诞仪式。七月十五日为中元节,是中元赦罪地官清虚大帝诞辰,火神庙在白天搞拜“官”仪式;晚间在外院设座,举办普度道场,放铁罐焰口,超度十方孤魂野鬼。最隆重的是祭祀火神,始于明天启元年(1621年)三月,熹宗命太常寺官以六月二十二日祭祀火德真君,此后每年这一天火神庙都举行盛大法会。

清末民初时,火神庙被挤占了不小的面积,但其建筑、神像还基本保持完整。庙里长住数十名在此挂单的道众。平日,庙内有太上早晚坛,除不能离开职守的道士外,一律闻鼓上殿,念玄门功课经;经班在前,敲打法器高声诵经,众道士在后奉和。

中华人民共和国成立后,道士们陆续离庙还俗。该庙院落殿宇成为公安派出所,后变成解放军防化兵招待所和公安局交通队的家属宿舍，据说有30余户人家居住。原有之旗杆、钟鼓二楼、山门前的木牌楼已被拆除，神像也不存在了。其殿堂建筑基本完好。1984年5月24日，被北京市人民政府公布为北京市文物保护单位。

后来，西城区人民政府将火神庙列为什刹海历史文化旅游风景区深度开发的重点之一。在万宁桥整修完成及新建成什刹海东岸的金锭桥后，反衬着火神庙与优美环境不相协调。2002年，火神庙旁搭起脚手架，开始了修缮工程，于2004年实现其腾退、修复和开放。

护国寺

位于护国寺街85号。

该寺创建于元代，名“崇国寺”。原为元丞相托克托（脱脱）故宅。在千佛殿中曾立有托克托夫妇像，一个幞头朱衣，一个凤冠朱衣。明宣德四年（1429年），更名大隆善寺。明成化八年（1472年），赐名大隆善护国寺。清康熙朝末年，蒙古王公贝勒修缮此寺，为圣祖祝厘，名护国寺，又称西寺，与东寺隆福寺相对应。

寺坐北朝南，规模宏大，中轴线上依次为山门和9层殿宇：山门3间，单檐筒瓦歇山顶，石门额（现存于西城区文化委员会）书“大隆善护国寺”，室内为砖券，半圆形顶，前后均为石券门，山门左右各辟一旁门。第二层殿面阔5间，名金刚殿，黑琉璃瓦绿剪边，单檐歇山顶调大脊，明间及两次间为穿堂门，殿左右有

护国寺金刚殿

卡子墙，设东、西旁门，有钟鼓楼。第三层殿面阔 3 间，名天王殿，殿东西有配殿各 5 间。第四层殿面阔 5 间，名延寿殿，前有月台，后带抱厦 1 间，殿前有 2 碑，东配殿为文殊殿，西配殿为秘密殿。第五层殿面阔 5 间，名崇寿殿，前有月台，月台前左右各有一碑亭，东碑亭内有明成化朝御制《大隆善护国寺碑记》，西碑亭内有清康熙朝满、汉、蒙、藏 4 体文字碑，东配殿为伽蓝殿，西配殿为无量殿。第六层殿面阔 5 间，名千佛殿（俗称土坯殿），前有月台，月台东有元皇庆元年（1312 年）《演公碑》和元至正二十四年（1364 年）《选公碑》，前有甬道接崇寿殿，东配殿为大悲殿，西配殿为地藏殿；垂花门，门东西原各有一座舍利塔。第七层殿，名护法殿，面阔 5 间。第八层殿面阔 5 间，是功课殿。第九层殿面阔 3 间，为后楼菩萨殿。

什刹海地区流传的“金门槛儿，金门墩儿，机灵鬼儿，透亮碑儿”中的后两句，指的即是护国寺中的两件文物。“机灵鬼儿”，说的是土坯殿（千佛殿）屋脊下有一不足 2 尺的小胖娃娃，浓眉大眼、梳有小辫、半蹲半立，称为脊梁鬼，俗称为“机灵鬼儿”。“透亮碑儿”，说的是土坯殿前方的左右两座石碑，因团龙碑首用的是通透雕刻技法，从龙身孔洞中可看到碑后景物，故名“透龙碑”，俗称为“透亮碑儿”。

该寺早已毁坏，《燕都杂咏》曰：“萧条古寺太荒凉，惹恨沧桑漫断肠。可怜当年太师宅，枯木残碑泣夕阳。”寺中碑已无存。明嘉靖十四年（1535 年）庆寿寺火灾后移至护国寺的姚广孝自绘像亦无存。寺内金刚殿至今保存完好，一座西配殿及后楼菩萨殿尚存，其余殿宇皆已无存。

清雍正朝兴起的护国寺庙会，繁盛多年，1960 年停办。

据有关史料记载：由邓中夏、黄日葵、许德珩等发起成立的平民教育讲演团，于 1919 年 3 月成立后，曾到护国寺进行过讲演，利用庙会人多条件，以扩大宣传效果。

1984 年 5 月 24 日，护国寺金刚殿被公布为北京市文物保护单位。

广化寺

位于后海北岸鸦儿胡同 31 号。

寺坐北朝南，占地 13850 平方米。寺分五路。中路山门外为影壁，歇山顶山门 3 间，钟鼓楼，庑殿顶天王殿 3 间，重檐歇山顶大雄宝殿 5 间，硬山顶藏经楼两层，西侧有合角楼及配殿。东一路为三进院。东二路为四进院，今尚余两层殿。西一路尚存二进院落。西二路亦尚存二进院落。

据《析津日记》载："广化寺在日中坊鸡头池上,元时有僧居之,日诵佛号，每诵一声，以米一粒记数，凡二十年，积至四十八石，因以建寺焉。"其中四十八石之数，乃象征弥勒佛四十八种宏愿之数。按此广化寺应始建于元代。

从寺中一株枯树下发现的明代断碑上，依稀可见明天顺七年（1463 年）重建广化寺之大略。寺内所存明弘治十年（1497 年）碑记载:灵济和尚（号济大舟）于天顺五年（1461 年）住到广化寺，并于两年后主持了该寺的重建工程。从碑文中还可看出，元代此寺曾受到统治者的重视和资助。该寺明代为中国佛教宗派之一的净土宗寺庙。万历朝，寺内创办了弥陀法会。

清道光朝重修广化寺碑记云："都城西北隅有巨浸曰十刹海，以环海有丛林十故名。广化寺者十刹之一。"此时，寺内住持广珠法师自感才力微薄，敦请中国佛教宗派之一的禅宗大德自如和尚任广化寺中兴第一代方丈，将寺改为十方丛林，遂使广化寺成为禅净双修的寺院。

光绪二十六年（1900 年），八国联军攻占北京后，英国人赫德传话,希望庆亲王奕劻在京与各国商谈条件。慈禧接奏折后，立命奕劻返京。八月十一日，奕劻和留京八大臣在广化寺与赫德商议，先开放各城门，让四乡粮、菜照常入城，以维持生计，之后，又将会晤情况以六百里加急送西逃的慈禧，开始了"商办和议之肇端"。

光绪三十三年（1907年），调任军机大臣的张之洞，掌管学部，不久便成立了编译图书局，地点设在广化寺内。当时任职的梁鼎芬曾写诗记此事：“去年九日寻常会，谁谓今朝是隔生。赐食御筵恩未远，题糕僧阁事初成。悲风落叶惊壮气，围坐深悲有泪声。天上人间应不阻，暝钟摇树百回情。”第二年，张之洞又借广化寺存放所购湖州姚氏和扬州徐氏私人藏书，筹建京师图书馆，成为京师图书馆最早的馆址。民国后继之，鲁迅任教育部佥事时，分管此馆业务，常因公来此。

1933年，日本侵略军动用飞机、坦克向古北口和喜峰口发动猛烈进攻，造成中国守军伤亡惨重。当年担任东北三省民众抗日后援会会长的佛门信士朱庆澜，携家眷赴京卜居广化寺为东北义勇军募款，便联合玉山方丈和社会各界爱国人士，借用广化寺东路戒堂、大斋堂等近百间房舍建立了伤兵医院，曾收容伤兵多达五六百人。寺僧自发停止课诵等佛事活动，竭力护理伤兵，令伤兵感奋，表示伤愈后重返前线与日寇血战到底。辅仁大学的师生也常来寺内进行慰问、宣传、捐赠、帮忙。伤兵医院赢得了社会各界仁人志士在道义、经济、人力等多方面的支持。但是蒋介石（1887—1975）的步步退让，实行不抵抗政策，国民党政府和日本签订丧权辱国的《塘沽协定》，迫使广化寺内的伤兵医院仅存在几个月便告解散。

1938年，恭亲王奕䜣之孙、著名画家和诗人兼书法家溥心畬（1896—1963）的生母病逝，停灵于广化寺东路戒坛院大斋堂。溥心畬为其母守孝3年，每日往返于恭王府和广化寺之间，风雨

广化寺山门

无阻。每日溥家十余口人分两次乘自家汽车来寺。丧礼毕，溥氏到西路方丈院同玉山大和尚叙谈。早在光绪朝，恭亲王奕䜣与当时寺内能诗善画的灵山和尚互有来往，曾有诗画互赠。灵山将自绘的墨兰赠送恭亲王，恭亲王便集古人诗句成一首诗回赠，诗云：“是处花为雨，闲窗竹翠荫。芳丛霭绿畹，馨香满幽林。石室无人到，兰泉涤我襟。观空色不染，一镜入湖心。”现恭亲王的诗仍存于寺内。在玉山方丈的恳请下，溥心畬允诺修葺寺庙。他下榻西路大悲院禅房，率先挥毫泼墨，还请来清末状元、举人、书画家等社会名流共襄善举，书画义卖所得全数捐助广化寺。广化寺现藏文物中有溥心畬在其母逝世周年时血书之《般若波罗蜜多心经》。溥氏在为其母守孝 1 周年时，还用日本绢画了一幅“自在观音像”，经抽签后，画归隆祥法师珍藏。由于溥氏名气很大，世称“南张（张大千 1899—1983）北溥”，义卖时其作品多被重金争购，致使义卖所得甚丰，从而使寺内中路佛殿修葺一新。

1939 年，玉山方丈创办“广化佛学院”，招收学僧数十人，聘请周叔迦、溥心畬等任教，以培养佛教人才。所设课程，以佛教经典和文学为主，以哲学、历史、数学、外语、书画等为辅。此前，玉山和尚还曾创办过“广化工禅院”，让全寺僧众学习织地毯。后因地毯积压，资金不能周转，被迫停工。

1947 年，寺庙为维持生计，除中路作为僧人活动区域外，其余各院，凡可腾出的房屋均用来招居住户，多时达百余户。1948 年，大量东北学生来北平，蜂拥入住寺内。七五惨案后，东北学生为防国民党军队入寺抓学生当兵，还曾组织持械巡逻。入冬后，大部分东北学生撤离该寺。

北平和平解放前夕，国民党军队的一个弹药库占据了该寺的东路，院里堆积着枪炮子弹。看守的士兵携家眷住于寺内，男女混杂，还在院内和菜窖里打枪。中华人民共和国成立后，解放军派人接收了弹药库。

解放初期，寺僧走散许多。一些生活没有着落的清代太监到寺内居住。据说，被人称为“中国最后一个太监”的孙耀庭，从解放初一直居住到去世。

“文化大革命”开始后，1966 年 8 月 27 日，某校红卫兵闯进广化寺，开始了所谓“扫四旧”运动。寺内大小佛像被捣毁后填入一口枯井中。藏经阁内珍藏的《华严经》《法华经》《楞严经》等被撕后拉往造纸厂。1971 年，北京天主教神父与修女集中于广化寺，办起了北京玩具厂生产加工小组。基督教徒及北京唯一的尼僧寺院通教寺的尼姑也进寺加入到这个生产队伍中。直到1979年才停止生产，并于翌年迁往兴华胡同。

中共十一届三中全会后，宗教政策逐步得到落实。1981年11月12日，北京市佛教协会在广化寺内宣告成立。1984年5月24日，北京市人民政府将广化寺公布为北京市文物保护单位。同年，国家拨款70万元，着手修复广化寺及与其有密切佛事关系的通教寺。2001年3月31日，“文化大革命”中占用寺中东路殿堂的北京市自动化研究所已腾退东路正殿及配殿配庑共12间，建筑面积839.7平方米。

1986年3月，成立北京佛教音乐团，设在广化寺西路祖堂内。其宗旨是继承和弘扬中国传统音乐文化。其任务是排练、演奏“京音乐”（即佛教音乐），培养后继者。庆典之日，藏传佛教格鲁派领袖、全国人大常委会副委员长、中国佛教协会名誉会长班禅额尔德尼·确吉坚赞特地前来祝贺，并向大雄宝殿内的释迦如来佛敬献了哈达。翌年，该团曾赴西德、法国、瑞士等国巡回演出，盛况空前，轰动了欧洲。

1989年8月16日，广化寺举行隆重的开光升座典礼。修明法师升座，近千人参加典礼。1990年，修明法师写《广化寺建筑概况及其沿革》一文，内有“沿海大小有十刹”“九刹已成为历史遗迹，惟广化寺，硕果独存”“寺基地约20亩，殿宇300余间，布局严谨，结构结实，宏伟巍峨，富丽堂皇。寺初创于元”等语。

广化寺寺藏国家各级文物1716件，包含着佛教文化的丰厚底蕴和博大精深的艺术魅力。

汇通祠

西海的西北端有个小岛，明永乐朝修建北京城时，在岛上建有镇水观音庵，旧称法华寺，庵所在地原为龙王堂旧址。清代重修后改名为汇通祠。岛北有水关，北护城河水由水关入城，自小岛东西分流，入西海。水在水关处入都城时流势湍急，故建石螭以挡水势。据《燕都游览志》载："水自西山经高梁桥来，穴城址而入，有关为限焉。下置石螭（镇水兽，长 1.9 米）迎水倒喷，旁分左右，既噏复吐，声淙淙然自螭口中出。"水冲石螭，发出海潮的声音。因此，有人又称镇水观音庵为"海潮观音庵"。曾引来不少文人聚会于此，以观水入城之势，听水流动之声。

汇通祠

汇通祠（内供奉龙王）重修于清乾隆二十六年（1761 年），乾隆皇帝曾御制汇通祠诗："一座湖亭倚大堤，两边水自别高低。片时济胜浮烟舫，春树人家望转迷。""烟中遥见庙垣红，瞬息灵祠抵汇通。雨意溟蒙犹未止，出郊即看麦苗芃。"

祠内有巨石一块，据说是自天而降的陨石。因石上之纹状若鸡狮，故称为鸡狮石。其鸡呈由左向右走势，其狮在右呈下伏式。《燕都杂咏》将其描述为："鲜彩临风展异姿，摇光耀日具威仪。陨星天使成良构，不数当年断罄奇。"麟庆《鸿雪因缘图记》中说："祠明永乐时，少师姚广孝、司礼监刚丙奉诏建，原称镇水观音庵。""御书殿额曰'潮音普觉'。静听祠后水声淙淙，恍然有悟。循墙北转，见立石高五尺许，层叠如云，承以石盘，高处镌一鸡、一狮。"姚元之《竹叶亭杂记》上说，他曾问过汇通祠的定如和尚，定如说："非落星（陨石），因其身有白点，故谓'星星石'耳。"这一回答应该说是正确的。

民国初年，汇通祠一度被卖与长春堂药店，故山门外留有"万古长春"的道家语。北平和平解放时，此处曾设过"汇通武术社"，教授武术。

到了 20 世纪 70 年代，修建环城地铁时，将汇通祠拆除。

1983 年 11 月，市政府批准了什刹海整治方案后，经过两期的整治工程，获得丰硕成果，其中就有汇通祠的重建。

重建后的汇通祠坐北朝南，有山门 1 间，前殿 3 间，东西配殿各 3 间，两层后罩楼面阔 3 间，东西配殿各 3 间。山门有侯仁之教授题写的"汇通祠"匾额，祠后有吴良镛教授写的《重修汇通祠记》碑。山上小亭内竖立着清乾隆皇帝的御制诗碑。原有的鸡狮石及石螭已不知去向，现祠内这两件文物是根据史料和人们的回忆重新雕刻而成的。在前殿和后楼间的院落当中，立有郭守敬塑像。后楼楼下及西配殿，作为“郭守敬纪念馆”。

关岳庙

位于鼓楼西大街 149 号。

该庙原是醇贤亲王奕譞的家庙，建于光绪十七年（1891 年），于光绪二十五年（1899 年）建成。坐北朝南，分为三进院落。中轴线上依次为：长 32 米，高 8 米，厚 2 米的琉璃砖照壁，面阔 3 间的中门，外为八字门墙，两旁各有一座琉璃门；中院内有面阔 7 间的正殿，绿琉璃筒瓦黄剪边，重檐歇山顶，前出月台，东有焚帛炉，西有祭器亭，还有东、西配殿各 5 间；后寝祠 5 间

关岳庙大殿

及东、西配殿。中院两侧有东、西跨院，东院有北、东、南房各3间和亭子，西院又分南、北小院各有北、西、南房。总建筑面积约3000平方米。

1914年,北洋政府在后寝祠塑关羽、岳飞像并祀,因名关岳庙。

1939年3月，日伪“华北临时政府”在此恢复武成王庙（简称武庙），原正殿改称武成殿，原关岳殿（后寝祠）改称武德堂。武德堂内北、东、西三面墙壁上嵌有配享和从祀武成王的历代80位名将传赞石刻。石刻为长方形，长92厘米，宽38厘米。每块石刻上刻书传赞两人。现存16块。

中华人民共和国成立后，曾是西藏达赖喇嘛驻京办事处，今为西藏自治区人民政府驻京办事处和珠穆朗玛宾馆。

1984年5月24日，关岳庙被公布为北京市文物保护单位。除原庙门拆改建楼外，殿堂尚存，基本保持原建筑格局。

瑞应寺

位于鼓楼西大街148号。

明成化三年（1467年），锦衣卫指挥佥事万贵在元代废刹基址上兴建。寺成后疏请寺额，宪宗赐额曰龙华寺。

清康熙五十二年（1713年），左都御史揆叙（大学士明珠次子，词人纳兰成德之弟）为祝圣祖六十寿辰重修并扩建。

据吏部侍郎汤右曾撰瑞应寺碑记中记载：“康熙五十二年三月十八日，为皇帝六十万圣寿节，而瑞应寺者则左都御史揆公祝

瑞应寺

厘之所也。寺为龙华寺旧址，公拓而新之，逾年讫工，以其事闻，天子乃锡之嘉名。”皇帝为该寺题写联匾后，寺内的文光果结出并蒂的果实，寺僧将此并蒂果呈送康熙皇帝，大臣们便吹捧说这是“瑞即应之”，是康熙皇帝书写联匾的结果，皇帝听后很高兴，便特地写诗以纪其事。随后，圣祖之《御制文光果诗》被勒上石：

西域滇黔有此种，花从贝梵待春融。
龙章瑞应题真境，载笔欣瞻近法宫。
内白皮青多果实，丛香叶密待诗公。
冰盘光献枫宸所，更喜连连时雨中。

该寺坐北朝南，占地5540平方米。中路有影壁，山门3间，左右旁门各一，钟鼓楼各一，面阔3间的天王殿及左右朵殿，面阔5间的大雄宝殿及东西配殿，面阔5间的藏经楼。东跨院有各面阔3间的前、后藏经楼和面阔3间的东配殿。后阁有康熙御书额“法云真际”和楹联“花外梵音流彗日，阶前树色绕慈云”。现为某单位使用。

净业寺

位于德胜门西顺城街 46 号。1989 年 8 月 1 日公布为西城区文物保护单位。

西海北岸边因有净业寺，故西海又有净业湖之称。

据传，净业寺建于明嘉靖三十七年（1558 年），内官监太监袁亨和司礼监太监妙福等捐资兴建。额曰智光寺，后改为净业寺。寺坐北朝南，中轴线上依次有山门 3 间、前殿 3 间、东西配殿各 3 间、后殿 5 间、西配楼 6 间，建筑面积 325 平方米。现仅存前殿和西配楼。坐在寺内东轩前的高柳下，既可纳凉，又可观赏湖中的荷花。因而人称“江南云水之胜无以过此”。过去，曾有不少文人白日来此观荷后，夜晚便宿于寺内。明代礼部尚书兼东阁大学士朱国祚《夜宿净业寺》诗“僧楼佛火漾空潭，李广桥低积水含。一夜朔风喧树杪，蓟门飞雨

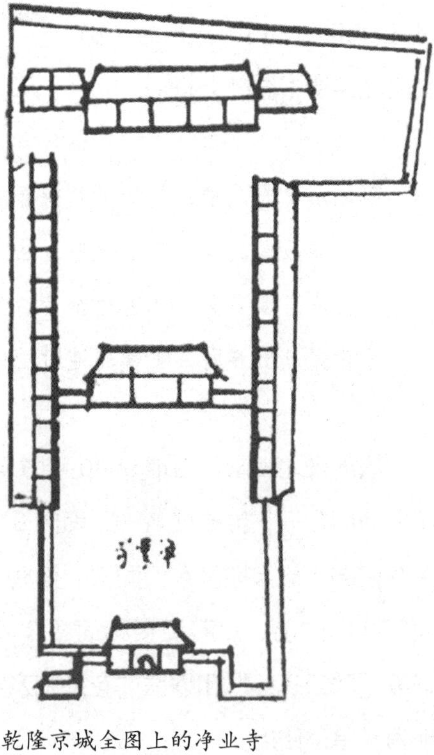

乾隆京城全图上的净业寺

净业寺

遍城南”，就描绘了它的夜色之美。在北京度过青年和晚年时期的麟庆在他所著《鸿雪因缘图记》中，有一篇《净业寿荷》的图记，记为自己撰写，图是请人绘制的。图上画着：西海南北两岸，高庙与净业寺隔湖相望，室内的人倚窗观荷或品茗谈论，颇有清幽浓趣景色美的意境。记中文字写有：“积水潭，以北岸净业寺得名。”“是日为二十四，正荷花生日，因赋一律曰：‘朝衫脱却得清闲，良友相邀到此间。一片湖光依北郭，十分爽气借西山。同浮大白拼先醉，静袭香红俨闭关。好祝花中君子寿，称觥相对共开颜。’”

普济寺（高庙）

位于西海南岸，又名关帝高庙、普济寺、华佗庙。1989 年 8 月 1 日公布为西城区文物保护单位。

清麟庆《鸿雪因缘图记》三集《净业寿荷》载，西海“南岸土阜隆然，有华佗庙建于上，俗名高庙。面临曲巷，背枕全湖，寺僧裕泉近于庙后购隙地营广榭，缭以短垣，洞启北窗，城楼山寺，俨然图画。而熏风入户，荷香袭人，尤宜于长夏”。

高庙的始建年代无考，但在一篇嘉庆二十一年（1816 年）重修高庙的碑文中，提及明正德五年（1510 年）高庙曾重新修缮。由此推断始建年代至少应在明初。

寺坐西朝东，现存正殿 5 间、南北配殿各 3 间、南北客堂各 3 间、东房 3 间。庙内的“日下第一楼”于中华人民共和国成立前倾毁。“日下第一楼”是庙内在乾隆、嘉庆时期所建后阁的阁名。光绪朝进士，历任按察使、布政使的樊增祥（1846—1931）写过一首七律《春暮过高庙登第一楼题壁》，足以证明“日下第一楼”当时仍存在。诗曰：

斗起霞标俯碧流，西峰残照在帘钩。
新栽文杏花成子，旧识山僧雪满头。
金缕垂杨骄白马，绿罗春水浸朱楼。
低回十六年来事，师友凋零感旧游。

高庙在康熙朝，曾是大学士明珠的家庙。至清咸丰十年（1860年），该庙与英法联军入侵北京出现了直接的联系。八月，英法联军逼近北京。为了补充弹药便于继续发动进攻，英法联军派出代表巴夏礼，于九月十四日与清廷代表怡亲王载垣在通州进行谈判。九月十八日，清政府把在谈判中无理取闹的巴夏礼等39人解至刑部关押。九月二十九日，又将巴夏礼从刑部押至高庙囚禁，仍然好茶好饭、水果不断，待遇优厚，只是限制其行动自由。清大学士桂良等，几乎天天到高庙，奴颜婢膝地乞求巴夏礼，让他写信讲和。巴夏礼看到清政府如此软弱无能，便经常狂吼如雷，咆哮发泄。还利用让他写信的机会，用外文字母拼写情报，把城内的情况报告给英法联军。由于清政府军队在战场上失利，清廷官吏屈膝投降，十月八日将巴夏礼从高庙放出。逃出城的巴夏礼，

普济寺

带领英法侵略军，登上清军主动放弃的德胜门城墙，架起大炮，瞄准积水潭一带猛烈轰击。

高庙北墙外的西海南沿岸边，曾立有“桂林梁巨川先生殉道处”碑。梁巨川先生是蜚声中外的学者梁漱溟的父亲，1918 年 60 岁生日时，对民国以来时事感到失望，愤而投湖，留下一编《警告世人书》。此事在社会上引起很大反响，有人立碑于其投湖处以示纪念。至 1938 年时，普济寺（高庙）僧人受人之托，对碑石和汉白玉石座用砖砌龛加以保护，碑上衬青灰瓦檐。1966 年 8 月“文化大革命”开始不久即被毁。梁巨川故居亦在西海的西北岸旁，北屋廊下曾挂有“桂林梁先生读书处”匾。

拈花寺

位于旧鼓楼大街大石桥胡同 61 号。1989 年 8 月 1 日公布为西城区文物保护单位。

寺创建于明万历九年（1581 年），由司礼监太监冯保秉承孝定皇太后命而建，名千佛寺。清雍正朝末年奉命重修后赐名拈花寺。

寺坐北朝南，分为中、东、西三路。中路依次为长 24 米的影壁，面阔 3 间的正门，两侧有八字墙，石券门额上书“敕建拈花寺”，面阔各 1 间的钟鼓楼，面阔 3 间的天王殿及东西配殿，面阔 5 间的大雄宝殿及东西配庑，面阔 5 间的伽蓝殿及各 16 间的东西配庑，面阔 5 间的藏经楼（上层为千佛阁，有明代所铸古铜佛“毗卢世

拈花寺

尊莲花宝千佛”，座如莲花，在佛座周围的千朵莲花上有千佛旋绕，每佛高 4 寸；下层为念佛堂）及两侧各面阔 4 间的合角楼、各面阔 3 间的东西配楼。东路有六层殿。西路有四进院。

共占地 2.3 万平方米。西路的祖堂为“冋”形建筑，共 17 间，前有方形四角攒尖亭，名素心亭。现东路已拆除，中路除大雄宝殿拆除外其余尚存，西路保存较完整。

该寺为西蜀来京之僧徧融所建，寺成后徧融为第一代开山和尚。相传，徧融来京时，身无他物，只有一头牤牛跟随相伴。徧融在寺中静坐念佛，牛则背驮一钵外出募化。数年后的一天，牤牛到清河镇募化返回，至土城外时，徧融已圆寂，牤牛随即大吼 3 声，倒地而亡。后来，在为徧融建塔时，也在牤牛死去的地方修了一座桥，名牤牛桥，还在拈花寺后院的茔地中，于徧融遗像前铸有背驮钵的铜牛一头及牛槽一个，让他们永远相伴。今已不得见。

1926 年，在寺内开办拈花寺小学，招收各寺庙幼僧，学习宗教及国文课程。1939 年，吴佩孚去世后，曾在该寺东菜园建停灵房 3 间，挂“武圣祠”匾额。1945 年日本投降后，灵柩移至玉泉山西侧安葬。二年制小学亦结束。

2003 年 12 月 25 日，拈花寺被提升为北京市文物保护单位。

什刹海寺

对于什刹海这片水域的得名其说不一。有人说，因其周围有 10 座古刹，并以其词义等同的互换，由“十刹”而成“什刹”。也有人说什刹海的得名,是由此处有座古刹“什刹海寺”之名而来。各有其道理，我们姑且兼听吧，兴许还能有助游兴呢。

说起什刹海寺，它确实存在。始建于明万历朝，坐落在德胜桥北不远处，今后海西沿与德胜门内大街之间的糖房大院胡同。《鸿雪因缘图记》中载 :“十刹海，古寺名，明万历时，僧偏融建。室三十余间，相比如号舍，佛殿亦分一舍，在今龙华寺西，东向，以故法丈诗云 : 梵宇严号舍，而名十刹海。坛上石竹华，春风吹尚在。”据此，我们可知，该寺坐西朝东，寺门前方有龙华寺。

什刹海寺,又名十刹海庵、十岔海等。《帝京景物略》中说:“梵宇十刹海方五十亩，室三十余间，比如号舍，木扉砖牖，佛舍亦

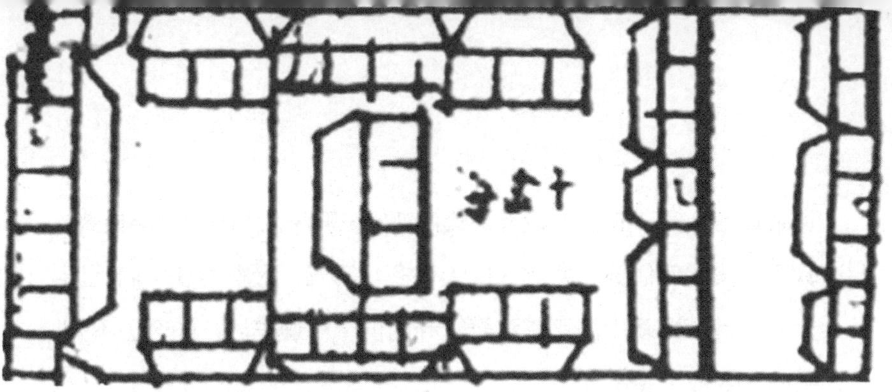

乾隆京城全图上的什刹海寺

如一僧舍，不更广也。”照此看来，该寺与一般的寺院不大相同。

明代一个叫修懿的僧人，曾写了首诗，诗之题名即该寺之寺名“十刹海”，诗中写道：

十刹海非刹，凝然古德风。
市居岩壑里，门向水田东。
耆宿推三藏（该寺的住持僧），师资事徧融。
乞随瓢偃仰，立俨岳衡嵩。
听法俱高衲，执巾无侍童。
直言等贵贱，醒语破愚蒙。
僧不骄恩帑，佛宁藉像工。
平平数椽屋，密密六时功。
哀悯西山寺，游观额大雄。

从有关的绘图资料中，我们可以看到：第一，什刹海寺的南边紧傍后海北岸；第二，寺周树木环抱，寺中院落空敞阔大；第三，寺中房舍如环状，有山门3间（石门额上书“古刹什刹海”，其拓片现收藏于中国文物研究所）及左右配庑各两间，有南配殿及朵殿各3间，有北配殿及朵殿各3间；第四，大殿为两层楼式，其面阔按比例估算，要比3间大许多；第五，大殿为硬山筒瓦调大脊，其余为硬山筒瓦箍头脊。寺内供奉释迦牟尼，如今已不知去向，变成了民居。

什刹海寺在清顺治和康熙两朝曾重修过。该寺有一个关于三藏的故事。这个三藏，就是明代僧人释修懿在诗中提到的“耆宿推三藏”，可见是个小有名气的和尚。据说三藏是多立少坐从不躺，就连睡觉也是坐着，甚至是站着。每天天刚刚亮，就外出化缘，一手持串珠，一手拿饭瓢。他的生活非常节俭，每日晨粥午饭。在他的带动下，这一节俭之风在寺内逐渐形成。有些僧人劝他，一天只两顿饭，还有一顿是稀的，不如将稀的改作干的算了。

什刹海寺绘画

三藏听后，只说了八个字："米多不饱，米少不散。"后来，发生了灾荒，吃饭发生了困难，不少寺庙出现了因饥荒而僧人散失的情况。而什刹海寺却因有不少粮米的积存，且僧人过惯了节俭的生活，虽遇天灾饥荒，但供应仍如从前，僧人们领会了三藏八字真言的深邃，更爱他也更爱该寺了。此事使得什刹海寺远近闻名，随之，这片湖水也改称什刹海了。

嘉庆元年（1796 年）冬天，官至兵部尚书、礼部尚书、协办大学士的纪昀（纪晓岚 1724—1805），率兵到德胜门外的校场演习后，夜晚便住宿于什刹海寺内。当时，庙宇空阔、冷冷清清，有的僧房门上贴着"乾隆三十一年封"字样的封条。进驻后，士兵接连烧了好几堆柴火，屋内的湿气仍旧不退。但天色已晚，只好凑合住了一夜。此事，纪晓岚在《阅微草堂笔记》一书中予以记载，同时记了寺内闹鬼传闻。

护国德胜庵

位于鼓楼西大街铁影壁胡同 19 号。

始建于明嘉靖三十四年（1555 年）。坐北朝南，有面阔 3 间的山门，面阔 3 间的前殿，面阔 5 间的后殿及各面阔 3 间的东、西配殿。今为民居，仅存后殿及配殿。

庵前原立有铁影壁，系由元大都健德门内的龙王堂移此，1947 年又移至北海公园内澂观堂前。

关于这座铁影壁，还有一个掌故传说。

据说很久以前，苦海幽州里有一对龙神，在元大都城建好后化作一对老夫妻过着清闲的日子。此后，京城就常刮西北风，每刮一次地面就增厚几寸土。一次刮风时，老夫妻俩出城到西北方想弄个究竟，恰好看到一个老婆婆和一个娃娃，黑风和黄土从他们各自手中拿的口袋里冒出。老夫妻俩明白，这是散风婆和布云童在作怪，妄图用土埋掉北京城。散风婆和布云童见有人来了，便慌慌忙忙地收起口袋向天上飞去。这时老夫妻又变回龙身，向天上追去。从此，北京城里就不再刮带土的大风了。人们都说散风婆和布云童怕龙公、龙婆，便在北京城的西北健德门内（今德胜门外土城关）建了座“铁影壁”，正面是龙婆，反面是龙公。到了明朝初年，将元大都北城垣南缩 3 公里后，被移到德胜门内东侧护国德胜庵前，该庵所在的街巷被人们称为铁影壁胡同。

铁影壁

1947 年，北平文物整理委员会又将其上部的壁身移至北海内，以拆除北海体育场三藏塔的材料砌成底座安放。1987 年，根据铁影壁胡同 1 号居民刘德福给《北京晚报》写信提供的线索，将遗于铁影壁胡同的壁座挖出运到北海，与壁身重新归安于一起。这座位于北海北岸五龙亭东北澂观堂前的铁影壁，顶部呈单檐歇山式。壁身正面雕一栖于山林中的雌狻猊（龙生九子之一），还有 3 只小狻猊。背面雕一踞于山石树木中的雄狻猊。壁身下部刻有一排展翅飞腾的天马，连接成一组花边装饰图案。这座高 1.9 米、宽 3.6 米的铁影壁，其实不是铁，而是褐色中性火山岩，由于颜色像铸铁，人们便称其为“铁”影壁。1991 年，将铁影壁由澄观堂门前移至距澄观堂西侧 5 米处（今址）。

这座铁影壁上还留有日本侵华的罪证。当年德胜庵住持曾不顾身家性命，阻止了日寇盗运铁影壁的企图，日寇扬言“弄清铁影壁的化学成分，需取些样品拿去化验”，遂用铁锤砸下正脊的两个兽头，还砸坏了四垂脊，即今铁影壁顶部的残缺处。

广福观

位于烟袋斜街 51 号，石碑胡同 6 号、8 号。1989 年 8 月 1 日被公布为西城区文物保护单位。

该观建于明天顺三年（1459 年），名广福观，曾设道箓司于观内。清雍正朝重修后改名孚佑宫。民国后又复称广福观。

观坐北朝南，中轴线上依次为：面阔 3 间的山门，石门额上

广福观山门

书“广福观”，各面阔 3 间的前殿、大殿及东西配殿，面阔 5 间的后殿。西跨院名白云仙院，有面阔 1 间的山门、面阔 3 间的前殿、面阔 5 间的后殿。供奉关帝、玄坛、财神及龙王。

这里的住持孟明慧道长曾担任过华北道教总会的负责人。观内还曾设有“安庆水会”。

今已成民居，尚存山门、大殿、后殿及西跨院前殿等。

双寺

位于旧鼓楼大街双寺胡同 11 号。1989 年 8 月 1 日被公布为西城区文物保护单位。

明成化元年（1465 年）神宫监太监刘嘉林舍宅建寺，寺成后赐额广济寺。16 年后，尚膳监太监刘祥、高通等出资改建，还在广济寺东侧并列新建嘉慈寺。

两寺均坐北朝南。东部之嘉慈寺，原有三进殿堂，今均无存。西部之广济寺，现存建筑面积3600平方米，除山门、钟鼓楼拆除外，基本保持原建筑格局。中轴线上依次为：面阔1间的山门，石券门上额刻“广济寺”，左右各有1个角门，面阔各1间的钟鼓楼，面阔3间的前殿，面阔5间的大殿、后殿和后罩楼。西跨院有面阔5间的前殿、中殿，面阔3间的后殿，还有配殿、配庑等。现为健康报社使用。

双寺

什刹海清真寺

位于前海南沿4号。

由山东恩县马良建于清乾隆朝，当时只是座小清真礼拜寺。道光十年（1830年），马良之孙马九为又购置黄姓房产一处，进行扩建和重修。

寺坐西朝东，尚存礼拜堂三殿，南有讲堂。现正计划将该寺重建。

什刹海清真寺

三官庙

位于西海北沿 29 号、30 号。

建于清代。民国年间曾重修。面积不足 800 平方米，有古建筑约 560 平方米，是座较完整的小型寺庙。

庙坐北朝南。中轴线上建筑依次为：硬山调大脊、石券门的山门 1 间，门两侧各有 1 个旁门；前殿面阔 3 间，硬山调大脊，筒瓦顶，有东、西配殿各面阔两间；后楼面阔 3 间，硬山筒瓦顶，箍头脊，前带廊，两侧各带有 1 间朵殿，有东、西配殿各面阔 3 间。西跨院有殿面阔 3 间。现为民居。

1989 年 8 月 1 日，被公布为西城区文物保护单位。

天寿庵

位于地安门西大街龙头井 42 号。

建于清代。庵坐北朝南，有面阔 1 间的山门（石门额上书“古刹天寿庵”）和面阔 3 间的前殿（两侧带朵殿），面阔各 3 间的东、西配房，面阔 3 间的后殿（两侧带朵殿）及面阔各 3 间的东、西配房。

该庵原建筑格局保存较完整，现为民居。

1989 年 8 月 1 日，被公布为西城区文物保护单位。

天寿庵

龙华寺

位于后海北沿 23 号。

建于明代。清道光朝曾改名为心华寺，为拈花寺的下院。为与瑞应寺（原名龙华寺）有所区别，故名小龙华寺。

寺坐北朝南。中轴线上建筑依次有：面阔 1 间的山门，歇山调大脊；面阔 3 间的前殿，硬山箍头脊，两侧有各面阔 3 间的朵殿；东、西配殿各面阔 3 间，硬山箍头脊，两侧各有面阔两间的朵殿。门、殿均为筒瓦顶。

该寺是保存较为完整的小型寺庙，现为幼儿园。

1989 年 8 月 1 日，被公布为西城区文物保护单位。

正觉寺

位于新街口南大街正觉胡同9号。

明成化三年（1467年），御马监太监韩谅捐宅，由郑道明创建佛殿、天王伽蓝殿。敕赐正觉禅寺。寺内原有明成化朝翰林院修撰陈鉴及嘉靖朝通政司参议顾经的撰碑。

寺坐北朝南。中轴线上建筑依次为：山门；天王殿面阔3间，硬山，筒瓦顶调大脊；大雄宝殿面阔3间，硬山调大脊，筒瓦顶；东、西配殿各面阔3间；接引殿面阔3间，硬山，筒瓦顶调大脊；东、西配殿各面阔3间。后院有北房面阔3间，两侧带有耳房各面阔两间。

该寺保留了民国时期重修时的风格。原殿中塑制精细的佛像均被拆除，仅存“佛祖”石刻一块。现为单位使用。面积约970平方米。

1989年8月1日，被公布为西城区文物保护单位。

正觉寺内的“佛祖”石刻

寿明寺

位于鼓楼西大街 79 号。

明天顺初太监段信等人出资修建。明弘治四年（1491 年）和正德八年（1513 年）重修时均有碑记。现只剩正德八年立的重修寿明寺碑，被保存于北京石刻艺术博物馆。

寺坐北朝南。中轴线上建筑依次有：山门面阔 3 间，硬山，筒瓦顶调大脊；前殿面阔 3 间，硬山筒瓦顶调大脊，中殿面阔 3 间，歇山顶，后带抱厦，有东、西配殿各面阔 3 间；后殿面阔 5 间，前出廊，硬山筒瓦顶，箍头脊，有东、西配殿各面阔 3 间。

原山门已拆除。现为单位使用。面积约 800 平方米。

1989 年 8 月 1 日，被公布为西城区文物保护单位。

寿明寺

保安寺

位于地安门西大街 129 号至 133 号。

建于元至正朝。初名半藏寺，后赐名义利寺。明嘉靖朝重修时改名保安寺。寺内原有明隆庆二年（1568 年）、万历十七年（1589 年），清康熙二年（1663 年）、嘉庆十七年（1812 年）重修时立的碑。现只余清康熙朝索尼撰碑砌在房屋的墙内。

寺坐北朝南。中轴线上建筑依次有：山门面阔 3 间，硬山调大脊；前殿面阔 3 间，硬山调大脊，带廊；东、西配殿各面阔 3 间，硬山箍头脊；后殿面阔 5 间，硬山调大脊；均为筒瓦顶。东院有殿 3 重。

现前殿保存较好。为单位使用。

1989 年 8 月 1 日，被公布为西城区文物保护单位。

桥　梁

万宁桥（后门桥）

位于什刹海前海东岸不远处的地安门外大街中段。万宁桥是元代的名称，今桥为单孔石拱桥，横跨在什刹海入玉河处。1955年扩建道路时，将该桥的主体埋入地下，桥面为沥青马路，桥两侧尚残存石栏板望柱。

元时，因称什刹海为海子，故此桥称为海子桥。入清后，因此桥位于皇城北门——地安门之北，又被改称为地安门桥，简称地安桥。因地安门是皇城的后门，所以又俗称为后门桥。据《京师坊巷志稿》载:“地安桥，俗称大桥，旧为万宁桥。桥南属中城，北属北城，桥下为响闸，元之澄清闸也。”

澄清闸是“北京的古海港”边的第一个通水孔道，通过提放水闸，控制舟行与水流，以保证元代漕运的通畅，成为通惠河上最重要的通水孔道，有元一代发挥着非常关键的交通枢纽作用。当时称该闸为海子闸，后改为澄清闸。1953年，市政府在该闸西边又建了一座混凝土闸，以代替石结构的澄清闸，两年后澄清闸被埋入了地下。

万宁桥

1999 年，市政府决定整修后门桥一带的环境。施工中，清除了古河道上的房屋、盖河水泥板及河中填土，拆除了桥栏两侧的高大的广告牌，修复了古河道两岸的石泊岸和镇水兽，修复了古桥两侧的栏板和望柱。2000 年 12 月竣工。竣工后，古桥又改称为万宁桥，并竖起了新的文物保护标志牌。桥面宽约 17 米、长 34.6 米，桥洞宽 7.2 米、高 3.5 米。桥的护栏在元代万宁桥旧构件及 1955 年补缀的青砾石替换构件基础上，新补置了汉白玉栏板和望柱构件。经数百年风雨侵蚀后呈灰黑色的斑驳苍古的旧护栏，与饰有浮雕云纹、望柱头上为风摆柳的崭新而洁白的新护栏，形成了鲜明的比照，既流露着它的古迹又显示着它的新貌。桥外侧的拱券上，砌筑有外伸的立雕石兽头。

在这次整修古桥与河道的工程中，还清理出桥东西两侧、南北两岸的 6 尊石镇水兽，其中桥东两尊，桥西 4 尊（南北石泊岸上、下各 1 尊）。在桥东，南北两岸石泊岸上沿的各 1 尊石镇水兽中，北岸那尊颌下刻有“至元四年（1338 年）九月”字样，尾上有依稀可见的鳞纹，躯干部位通体无纹饰，昂首蹲踞状。与其他通

石兽

身遍饰鳞纹、匍匐于护岸石壁上的5尊，有着明显差异。前者古朴粗犷，显出虎之威。后者细腻传神，透着螭之猛。据文物专家说，前者为元代石雕之风格，后者为明代永乐朝的遗物。

传说万宁桥下还曾立有水位标志，说万宁桥下（或言桥下的一根石柱上）刻有“北京”（或“北京城”）几个字，当水涨到“北京”二字之上时，北京就要发大水了。据北京市文物研究所研究员陈平先生考证，其刻字的时间当在明永乐十七年（1419年），因永乐元年（1403年）始有“北京”之名，元时称“大都”。

万宁桥与子午线、中轴线是什么关系呢？

据《燕京访古录》载，子午线是地球上通过某点，联结南北两极的经线。北京城在筑城时，不敢用子午线方位，而是稍偏向东，皇城也是这样。相传，正阳门城西，埋有石兽，地安门桥下，埋有石猪，二者的连线，即北京的正子午线。

又据报道，在中华人民共和国成立后的50年代整修马路、填塞桥下河道时，曾发现一尊石鼠造像被埋于万宁桥西侧地下。不久，又在正阳门桥西侧护城河湾处挖出了一尊石马造像。在中国的十二生肖中,因鼠与马又分别和子、午合称为“子鼠”“午马”，故取其子、午之和，加于两处石鼠和石马造像的连接线上，就正好形成了一条纵贯南北的“子午线”。这也正如上段文字引《燕京访古录》中所说：“北京城在筑城时，不敢用子午线方位”，“稍偏向东”，“二者的连线，即北京的正子午线”。

元代初期，在建造元大都城时，建城设计师们也正是在子午

石兽

线“稍偏向东”的地方，而刻意设计安排了大都城的中轴线。石鼠与石马的雕造与设置是明代永乐朝。这说明，明、清时北京城的中轴线与元大都城的中轴线是同一条线。

关于万宁桥的形制也有很多说法，有的说它与《清明上河图》中北宋开封汴河上高高拱起的虹桥相近，有的说是三拱高隆的石桥。清代嘉庆朝出版、由日本人编写的《唐土名胜图会》一书中与万宁桥有关的文字和插图，向我们提供了一种完全不同于今桥的说法。该书说：“万宁桥，在鼓楼南，又名澄清闸，今称后门桥，金水河从这里流向东南，经东步粮桥出至皇城东南。”而图中所绘的万宁桥为：三孔石拱桥，两边的桥洞高于地面许多，中央桥洞的宽度和高度均能满足往返漕船的要求，高高拱起的桥面最高处按其图中比例衡量比同建在地面上的房子还要高出许多，桥面由板材铺就（两头竖铺、中间横铺），石栏板和望柱与今桥相似。但学界很多人认为日本人写的那本书不可信。

万宁桥文保碑

历史沧桑多变化，浓墨重彩绘新桥。古桥经过 1999 年至 2000 年的修复后，基本恢复了原貌，达到了打通由桥上西视什刹海的风景线，游人登桥西望可以看到什刹海的湖光秀色的目的。整修后，桥西南侧市政府嵌上的文物保护标志石板正面刻着“北京市文物保护单位万宁桥”，背面刻着“万宁桥，俗称后门桥（因桥临近地安门，地安门又称后门，故名）。此桥始建于元，初为木结构，后改石桥。万宁桥是北京旧城中轴线上重要标志物之一”。1984 年公布“后门桥”为北京市文物保护单位。2000 年底，根据担任北京市文物保护委员会主任的侯仁之建议并经市地名办公室批准恢复万宁桥原名。

据说,之所以取名“万宁”,是取“万年永宁,坚固不朽”之意。这可以从元人宋本《都水监厅事记》中关于“至元二十九年（1292 年），京师桥闸旧皆木，宰相谓不可以久，尝奏命监渐易以石”的记载中得到解释和印证。当然也有长久安宁的吉祥祈愿。

银锭桥

位于小石碑胡同南口、银锭桥胡同北口，后海与前海的分界处。

由于南北向的单孔石拱桥跨于水道之上，平面形式如银锭而得名。

《帝京杂咏》描写道：“银锭桥连响闸桥，湖光山色隐迢迢。碧峰一寺夕阳下，月光荷花通海潮。”为便于前、后海通船，1990 年 9 月改建为青白石铺就的桥面、汉白玉雕成桥栏的石拱桥，桥身有单士元先生（1907—1998）题字“银锭桥”。

桥本身并不起眼，其风韵在于环境。正如《帝京景物略》中所写："崇祯癸酉岁（六年、1633年）深冬，英国公乘冰床，渡北湖，过银锭桥之观音庵，立地一望而大惊，急买庵地之半，园之……西接西山，层层弯弯，晓青暮紫，近如可攀。"

这是因为，银锭桥处于前、后海这个葫芦的细腰处，站在桥上往西看，越往西水面越阔，直阔到烟水苍茫处的一痕山影。所以，后来这里便有了大名气，被称为西涯八景之一的"银锭观山"。《宸垣识略》记载："银锭桥在地安门海子三座桥之北，城中水际看山，第一绝胜处。"

《燕都游览志》形容为"此城中水际看山第一绝胜处也。桥东西皆水，荷芰菰蒲，不掩沧漪之色。南望宫阙，北望琳宫碧落，西望城外千万峰，远体毕露，不似净业湖之逼且障也"。说出了此地与其他地方不同的美景。

明代的大学士、文学家李东阳在一次游慈恩寺后登上银锭桥，望西山思往事，吟成一首《慈恩寺偶成》诗："城中第一佳山水，

银锭桥题字

银锭桥

世上几多闲岁华。何日梦魂忘此地，旧时风景属谁家。林亭路僻多生草，浦树秋深尚带花。犹有可人招不得，诗成须更向渠夸。”从此，“城中第一佳山水”也就成了“银锭观山”的代称。清代的吴岩《沿银锭河堤作》赞日将落时的观山美景道：“短垣高柳接城隅，遮掩楼台入画图。大好西山衔落日，碧峰如障水亭孤。”清代的诗人、太子少师宋荦《过银锭桥旧居》赞道：“鼓楼西接后湖湾，银锭桥横夕照间。不尽沧波连太液，依然晴翠送遥山。旧时院落松槐在，仙境笙簧岁月闲。白首炼师茶话久，春风料峭暮鸦还。”这真是不同时间、不同季节观山自有不同感受、领略不同美景。

民间对此处观景之妙还流传有“银锭观山水倒流”的俗语，说的是：后海较前海地势低，如果关闭前海东、南岸处的两个水闸，水就会由前海通过银锭桥倒流回后海。还有一说：早年，银锭桥处是土坡，西海水经引水槽过李广桥入前海，再回流，经银锭桥至“恭王府洗马坑”，这一说法从地图上看确有道理。

随着城市建设的发展，城市的高楼大厦遮挡了西山岚影，环境的严重污染，使得一年中站在桥上能观山的日子越来越少。但随着近年来政府对环境污染的治理，晴朗的好天会回到人们身边，“银锭观山”美景会重新让人们大饱眼福。

1989 年 8 月，银锭桥被公布为西城区文物保护单位。

1999 年后，银锭桥桥头东南处立起了一块巨石，上面由杨萱庭书“银锭观山”。岸边亦立起了全国人大常委会原副委员长费孝通题写的“银锭桥观山一景，烤肉季烤肉一绝”的标牌。

德胜桥

位于德胜门内大街，西海与后海的分界处。

德胜门建成之后，修了一条南北向的德胜门内大街，该路从积水潭中间穿过，因而修了一座桥，取名为“德胜桥”。自此以后，桥西的水面叫积水潭（西海），桥东的水面称什刹海（后海和前海）。该桥为闸桥合一的单孔石拱桥。《明史》记载，永乐十八年（1420年）以前已划定北京城内街道格局，凡遇跨河处必然修桥。据此，该桥建成年代应在明永乐朝。其桥面为穹隆形。

该桥刚建成时，这里是“绿树映坂，缥萍映波”；“高城数里，古色如一”。桥旁有鳞体独角石兽，称镇海牛。镇海牛属“龙生九子，各有所好”中的鸱吻，平生喜水好吐，常踞于殿脊或殿宇的池水之处。桥旁还曾建有德胜庵。自此，积水潭又多了一处胜景。每当夏秋月夜，常有不少人到此伫立桥头观赏月景。如今，石兽和德胜庵已不存在，桥两边较为宽阔的水面也变成了一条细流。明贡生陆启浤在《德胜桥水次》的诗中写道：

谁识此涵碧，喧城忽渺然。
湖间虚失岸，柳外野疑田。
荷老秋生气，云兴晚作天。
非缘尘不到，自不与尘缘。

据民国八年（1919 年），京都营造局档案中记载：“德胜桥改穹隆形桥面为平缓形，将桥面石板加工后重新铺墁，添设步道于两侧，栏杆石件经修整后原位安装。”

中华人民共和国成立后的 1950 年初，在实施三海清淤工程中，在德胜桥上下游两岸砌筑块石护岸墙，并对石桥进行全面维修。修成后的夏日，河坡上布满青草，河水清澈，水中的石桥倒影十分美观。尤其到北海和中南海换水时，因德胜桥孔径较小而水流较急，大量鱼群拥挤于桥洞之东，朝桥洞逆游而上，此情此景吸引了很多的观鱼人聚集于湖岸和桥上观看。

1987 年整修后海湖岸工程时，在德胜桥上下游两边护岸石墙的前面又加筑一道挡墙，使河道缩窄，将石桥的燕翅墙挡住大

德胜桥

半，将翼墙全部挡住，桥上的八字栏杆也改短。

1989 年 8 月，德胜桥被公布为西城区文物保护单位。

西步粮桥

位于地安门西大街北海公园北门外，前海广场下。

据《京师坊巷志稿》记载："地安门外西城根有一西步粮桥，俗称西压桥，以皇城跨其上也。"据《燕都丛考》书中记载："自地安门外循皇城而西，为西不压桥。"《顺天府志》中亦作如下记载："西步粮桥俗称西压桥，以皇城跨其上也。河水由此入西苑。"

上述记载中，为什么该桥叫西压桥又叫西不压桥呢？这还得和同一条街上的另一座桥同时说才能说清楚。在地安门东有座桥叫东步粮桥，又叫东不压桥；因皇城离桥稍远，不压于桥上而得名。与前海广场下的桥正好相反。所以西压桥与东不压桥是它们的本名。由于二桥同处一条街上，距地安门也差不多远近，差不多对称。但桥的名称上或者文字上却不对称，叫起来也不上口。所以，为对称和上口起见，就叫成西不压桥和东不压桥了。在文人笔下又转为西步粮桥和东步粮桥了。

实际上，据有关专家考证指出：明永乐朝修筑皇城北墙垣时，因靠近此桥，便将该桥向南接出一段石拱券和桥台，之后在接出部位上建城墙。所以，城墙并未压在原西步粮桥之上；此后，扩路时拆除桥南侧栏杆，使人产生皇城墙压于桥上的误会。

该桥是单孔石拱桥，为明代所建。元代时，积水潭之水与北海之水是虽在此处距离很近，却是不通流的。至明代才将两水连通，并建桥于水上。北海的东北角为什刹海流入北海之进水口，设闸门控制水流量，其上建涌玉亭。1962 年，北京市文物工作队实地考察后写成的《北海及团城勘察报告》中记载："西压桥全长 67 米，宽 24.8 米，为单孔石拱桥，桥券宽 4.4 米（即拱券在桥下的宽度）。"雕刻在桥北面和桥南面拱顶石上的镇水兽"螭"（龙的一种）的形象及纹饰有所不同，据有关专家鉴定，二者时代不同，故而风格也不同，前者为元代石雕（现保存于五塔寺中国石刻艺术博物馆中），后者为清代重修该桥时所配置。

中华人民共和国成立后，桥面改铺沥青。1972 年 2 月拓宽路面时拆去桥基，将明水改为暗水道。

李广桥

位于柳荫街北端。

该桥系明弘治朝太监李广所建。李广为明孝宗随侍太监，很受宠信，在什刹海前海建有私邸。后来他为点景，私引月牙河中的御用水环绕其宅，并在月牙河上修建石桥一座，称李广桥，亦被称为黎（藜）光桥、李公桥。

据《京尘杂录》记载，当年李广桥一带景致殊幽，“大似江南水国”“心清香妙，恍如置身海上三神山”。

李广是个收受贿赂的大宦官，仅金银就各达千百石。据说，桥建好后，李广请居住桥另一侧的礼部尚书兼文渊阁大学士李东阳题写桥名，遭到拒绝。

李广桥图绘

弘治十一年（1498年）时，李广劝孝宗在万岁山上建毓秀亭，亭刚建成，幼公主却死了，不久，清宁宫又发生了火灾。李广惧罪自杀。

1950年，月牙河改为暗沟，上面修成柳荫街，桥被拆除。同时，位于三座桥胡同北端的“三座桥”，也随着月牙河改暗沟而消失。

金锭桥

1999年，市政府决定整修后门桥一带环境。在整修工程中，新建了一座汉白玉三孔拱桥，定名为金锭桥。

金锭桥之名，源于侯仁之先生致副市长汪光焘的信：“联想到前后海之间有银锭桥……建议新建石桥即命名为金锭桥。这样什刹海上前后两石桥金银并称，不仅便于记忆，而且与金锭桥隔海相望的西北岸上原有胡同两处，即以大小金丝套为名。联想及此，更有助于新桥之命名。”

该桥建在1953年时替代澄清闸而于其西不远处所建混凝土闸的基址上。1955年，澄清闸被埋入了地下。

历史上，澄清闸曾是“北京古海港”积水潭东岸出水孔道的第一道控制水闸。通过提放水闸控制舟行与水流，以保障元代漕运的通畅，发挥着非常关键的水运交通枢纽作用。

金锭桥的建成，主要是增加了什刹前海的景点，并将万宁桥有机地融入前海整体风景中；这道风景线使游人站在万宁桥上可饱览前海风光。

金锭桥

民俗文化

什刹海地区具有内容丰富的民俗文化积淀和繁盛多彩的民俗文化活动。

自元以后兴起的元宵灯节、上巳春禊、浴象洗马、盂兰盆会、观莲赏荷、冰床冰灯、城隍出巡、庙会晓市、票房堂会等活动，长盛不衰，成为民间的传统民俗活动。至今，有些民俗活动已消失，有的赋予了新的内容，还有的中断数十年后又重新开始举办。

自元迄今，什刹海地区一直是文学艺术较为发达的聚集区。从元杂剧、散曲及诗画创作，到明、清诗词书画的进一步发展，以至近现代依然如故的文人足迹，勾勒出什刹海地区连绵不断的文学艺术脉络。深厚的文化积淀蕴涵着北京“什刹海文化”的韵致。

中华人民共和国成立后，尤其是在改革开放春风的沐浴下，民间新风日盛。舍己救人、文明共建、环境保护、外事交往等，先进事迹层出不穷，高尚风格可歌可泣，爱海建海和谐发展，健身休闲陶冶性情，对外交往热情友好。

民俗活动

上元灯节

农历正月十五日为上元节，又俗称灯节或元宵节。

元代，大都建成后，积水潭（海子）一带成为十分繁庶的地区。起源于汉代并盛行于唐宋的民间传统节日——上元灯节，也在这一商市繁盛、人流如织的地区流行开来。据《析津志辑佚》描述：“市利经纪之人，每于诸市角头，以芦苇编夹成屋，铺挂山水、翎金等画，发卖糖糕、黄米枣糕之类，及

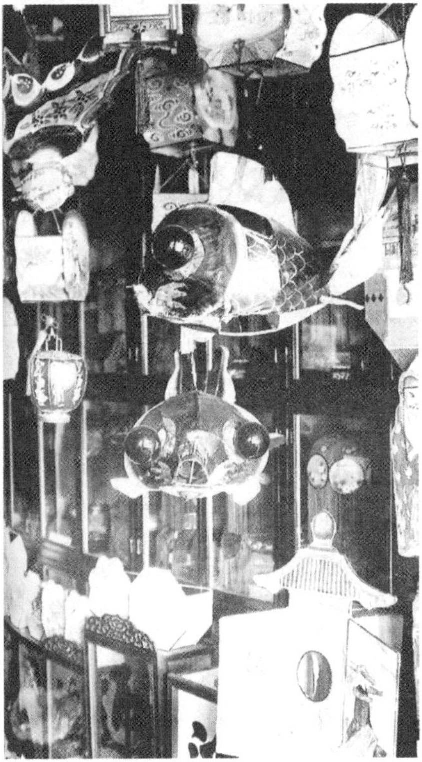

售灯

冰灯

辣汤、小米团。又于草屋外悬挂琉璃葡萄灯、奇巧纸灯、谐谑灯与烟火爆竹之属。自朝起鼓方静，如是者至十五、十六日方止。”

入清后，据《燕京岁时记》载：“六街之灯以东四牌楼及地安门为最盛。”当时，地安门外的上元灯节，灯饰如海，人流似潮。过灯节时，家家店铺高高悬挂起如珠玑、如霞标的五色灯球，同时间以各式花样各种颜色的纱灯。放灯的夜晚，观者如云，热闹非凡。

《清代北京竹枝词》中有一首《地安门》：“元宵灯火闹黄昏，此日惟余两壁存；忆到繁华浑不觉，放声哭过地安门。”它既描绘了帝国主义掠夺带给北京的凄惨情景，又反映了当时北京人的

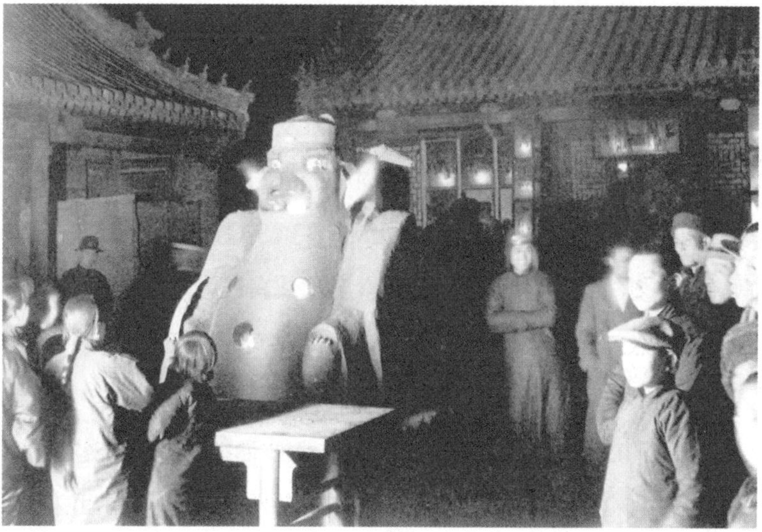

烧火判

情绪。

民国时期，据《老北京的生活》及《鼓楼三条街》记载，地安门外一带灯市盛行如故，引人入胜。各类商铺中尤“以饽饽铺善挂灯”；有以《三国演义》《红楼梦》《水浒》《聊斋》等人物及故事题材而制作的精美灯盏，供人观赏；更有干果铺的巧匠，“结冰为器，栽麦苗为人物，华而不侈，朴而不俗”，凡此冰灯，别有情趣。“大顺公”干果铺每逢灯节时，以麦龙灯、冰灯、百花灯吸引顾客和游人；“和顺居”灌肠铺则特制灌肠灯悬于铛上；“后门大街布店多放烟火”，品种有二踢脚、金盘落月、葡萄架、飞天十响、五鬼闹判、花盆、线穿牡丹、天地灯等十多个，火树银花，绚丽多彩。

上元灯节期间，位于地安门西大街路北的宛平县城隍庙内还举办庙会活动（正月十三至十七日）。此处的庙会活动，白天比较平常，主要是晚上非常热闹。掌灯以后，庙前数百米的街旁，设有灯笼、爆竹、香烛、玩具、杂货摊及各种风味小吃和应节物品摊。人们在各摊位前流连、购物后，进庙内争相观看悬挂在正殿、配殿的绘有《三国演义》《水浒传》《西游记》《西厢记》等画幅的纱灯。这些纱灯多数是商家店铺或有钱人家捐献的。该庙会最吸引人、最热闹的活动，是庙内正院中有一尊泥塑空腹的“判官”，空腹中填煤，被点燃后，“判官”的口、眼、耳、鼻中喷出约 1 尺长的熊熊火焰，火旺时“判官”遍体通红，人们称之为“烧火判”。“判官”的手中还持有一个泥塑的牌子，上写“你可来了，正要拿你！”后来改成“当心扒手！”这从另一个角度，说明争相观看者极多。“烧火判”成为京城独有的一项民俗活动，也成为上元灯节中的一项独特内容。

上元灯节除了售灯、放灯、观灯、赏灯以及施放和观看焰火爆竹、逛庙会和观看“烧火判”之外，还有制作、出售和购买、煮食元宵的店铺。过去，位于地安门外大街的满洲饽饽铺桂英斋的元宵很出名，有各种馅块，现打（即摇）现卖。现在，每逢元宵节前，饭店、食品店均大打元宵战，有时购买者排成长队，除各种馅的摇制元宵外，还有南方汤圆上市。另有些人购买半成品的面块和馅块，回家后自己动手包制，别有情趣。

游皇城

据《北京市志稿·礼俗志·岁时》引《元史·祭祀志》记载，元代，正月十五有游皇城，“岁以为常”。“先二日，于西镇国寺迎太子游四门，舁高塑像，具仪仗入城”。“十四日，帝师率梵僧五百人，于大明殿内建佛事”。“至十五日，恭请伞盖于御座，奉置宝舆，诸仪卫队仗列于殿前，诸色社直暨诸坛面列于崇天门外，迎引出宫。至庆寿寺，具素食，食罢起行，从西宫门外垣海子南岸入厚载红门（地安门），由东华门过延春门而西”。“及诸队仗、社直送金伞还宫，复恭置御榻上。帝师僧众作佛事，至十六日罢散”。

参加游皇城的官员人等，“首尾排列三十余里”。计有“八卫拨伞鼓手一百二十人，殿后军甲马五百人，抬舁监坛汉关羽神轿军及杂用五百人”。“宣政院所辖宫寺三百六十所，掌供应佛像、坛面、幢幡、宝盖、车鼓、头旗三百六十坛，每坛擎执抬舁二十六人，钹鼓僧一十二人”。“大都路掌供各色金门大社一百二十队，教坊司云和署掌大乐鼓、板杖鼓、筚篥、龙笛、琵琶、筝、纂七色，凡四百人”。“兴和署掌男女杂扮队戏一百五十人，详和署掌杂把戏男女一百五十人，仪凤司掌汉人、回回、河西三色细乐，每色各三队，凡三百二十四人”。“凡执役者，皆官给铠甲袍服器仗，俱以鲜丽整齐为尚，珠玉金绣，装束奇巧”。“礼部官点视诸色队仗，刑部官巡绰喧闹，枢密院官分守城门，而中书省官一员总督视之”。届时，“都城士女，闾阖聚观”（《元史·祭祀志》）。

上巳春禊

农历三月上旬的巳日（魏晋以后改为初三日）为上巳节。

此时，人们于水边举行消除不祥、除灾求福的祭礼；同时，伴以嬉游、沐浴等活动，称为春禊。

元代以来，什刹海一带成为文人春禊活动的上选之地。明弘治朝户部郎中、称为“前七子”之一的李梦阳写有《上巳过海印寺》诗：“劳生苦役役，况乃值温阳。林园有嘉荣，蹊渚生柔芳。秉简迹已陈，祓禊独难忘。驾言适莲宇，逶迤陟虹梁。巍宫延暮色，陂树霭青苍。讵知幽胜区，占兹佳丽乡。居然心境寂，弥增尘路伤。”

修禊图

民国时期，春禊活动渐少。据辛亥革命时期进步文学团体南社成员之一的文学教授郑逸梅在《纪〈宣南修禊图〉》中记载：“予获得《宣南修禊图》，图为一横幅，绘者汤定之涤。图作疏柳水堤，茆亭三五。远处微露城堞，半翳云烟，极空濛苍茫之感。左下端草堂轩敞，中列一案，一老者据案弄弦索。环坐于地者十人，作凝神倾听状。画以水墨为主，间著轻赭淡绿之色”。又记孟森撰一小记云:“丁巳（1917年）春，同人集京师，日溷烦嚣，相约得一日闲，就旷朗处一清积痗。上巳日遂往城北积水潭高庙，行修禊事。与会者蜀蒲伯英殿俊、罗子清纶，闽刘松生崇祐、林宰平志钧，黔陈维藩光焘，赣陈师曾衡恪、粤黄晦闻节、胡子贤祥麟，浙余越园绍宋、吴汤定之涤、孟莼孙森，并歌者唐采芝……有顷，松岩具素食饷客。席而饮，酒酣或弈或歌，或弹琵琶，或玩，谈震屋瓦，水禽拍拍惊起，淑风疏襟。凭栏望西山，岚光浮动，欲袭衣袂，几不知身在长安也”。还记载3幅方还题诗，其中一首为“别有空明积水潭，何须海子逐游骖。春风绿到垂杨路，小集溪堂三月三”。从以上记述中，可以看到当时春禊的情况。1932年，北京大学教授黄侃携友人到什刹海春禊时，曾写有触景生情、忧国伤时的《壬申上巳，什刹海禊集》诗：

净业湖边柳始萋，太行晴色入栏西。
客中节序过寒食，乱后园林忆旧题。
朔野正怜春物少，危楼仍见夕阳低。
主宾萍合还云散，头白城乌螟自啼。

浴佛行像

农历四月一日至八日，为浴佛会。

据《余墨偶谈》记载："京都浴佛日，内城庙宇及满洲宅第多煮杂色豆，微漉盐豉，以豆箩列于户外，往来人摄食之，名结缘豆。"据《帝京岁时纪胜笺补》记载："初八日浴佛会，近亦不若昔年之盛。然北京内外八大名刹，仍于是日念经搭衣展裾，施缘豆，今尚有之。相传治豆之法，先期僧人每捡黄豆一粒，必一念阿弥陀佛，明晨送人食之，受缘豆者亦念佛号一声，谓接佛之善缘也。""是日之结缘，清时大内不独行之，自亲王、贝勒、贝子至公爵以上各府第，皆于清晨有此礼节。豆则青黄二种，加以红萝葡，在门外施送。民国以来则甚少矣。"

四月初八日，还有据佛教传说而形成的行像风俗。据《行像》记载：20 世纪 40 年代初，有佛教同愿会者，欲将已衰微的佛教教义进一步融化于民俗，在北海公园内天王殿祈建浴佛行像法会。"模仿古印度的行像之仪，不用辇载，而以象驮"，特制高约丈许的 4 大白象，足下有轮以利牵行，象背上

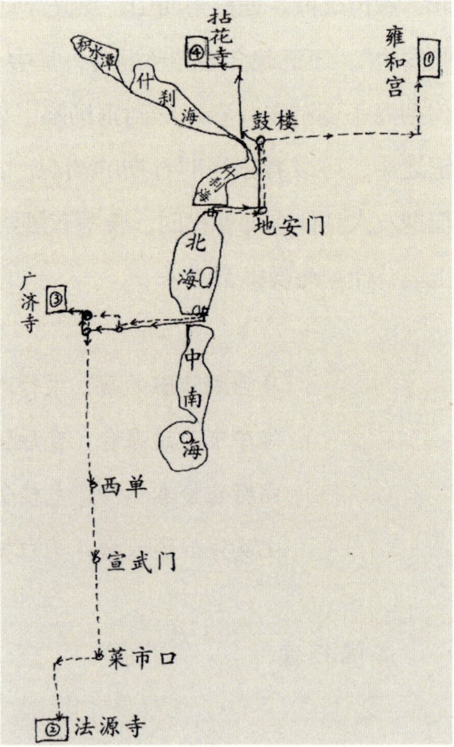

浴佛行像路线示意图

有内供太子佛像的敞亭式小龛。下午 3 时开始，4 白象分成 4 路：第一路的一只白象，出北海后门，经由地安门外大街、鼓楼东大街，至雍和宫；第二路的一只白象，出北海前门，经由西安门外大街、西四、西单，出宣武门，经菜市口至法源寺；第三路的一只白象，出北海前门后，经由西安门大街至丁字街往北，至弘慈广济寺；第四路的一只白象，亦出北海后门，经地安门外大街、旧鼓楼大街，进大石桥胡同至拈花寺。每路均有僧众、居士擎举幢幡，吹奏梵乐导行。口宣“南无本师释迦牟尼佛”圣号。每象龛前，张一大黄伞盖，二僧牵黄绸“拉幌”。引得游行之人云集观看，或“随喜”同行。途经闹市时，“车辆俱淤塞于途”。“所至各寺，皆方丈亲率两序大众迎迓”。

城隍出巡

农历四月二十二日为宛平县城隍出巡。这是《京都风俗志》《燕京岁时记》中所载的时间。但《北京通》记为五月初一日，《旧京风俗志》记为五月初五日。或许是前后情况有所变化之故。

城隍出巡人员的组成，由平日烧香还愿者预先登记，并自愿装扮成判官、鬼卒、罪犯及牵马、打扇者。还有许多是“当步军统领、刑部、顺天府、大宛两县各营翼司坊之牢头、皂隶，京谚称之为六扇门儿的人，又称为吃黑门槛儿饭者”。他们“遂思献媚城隍，以冀轻减罪状”，故“舍身服务”。

城隍出巡前，要先将城隍塑像（“特用藤条编制，再以布帛糊表而成，然后加以衣冠”，“便于抬杠也”。）移至大轿内，抬入宛平县衙，由知县着公服致祭。

祭后方始“出巡”。“城隍”有旌旗伞盖、全副执事，仪仗威严，还要鸣锣开道。巡至皇城西北角太平仓夹道处的土地庙前稍作停

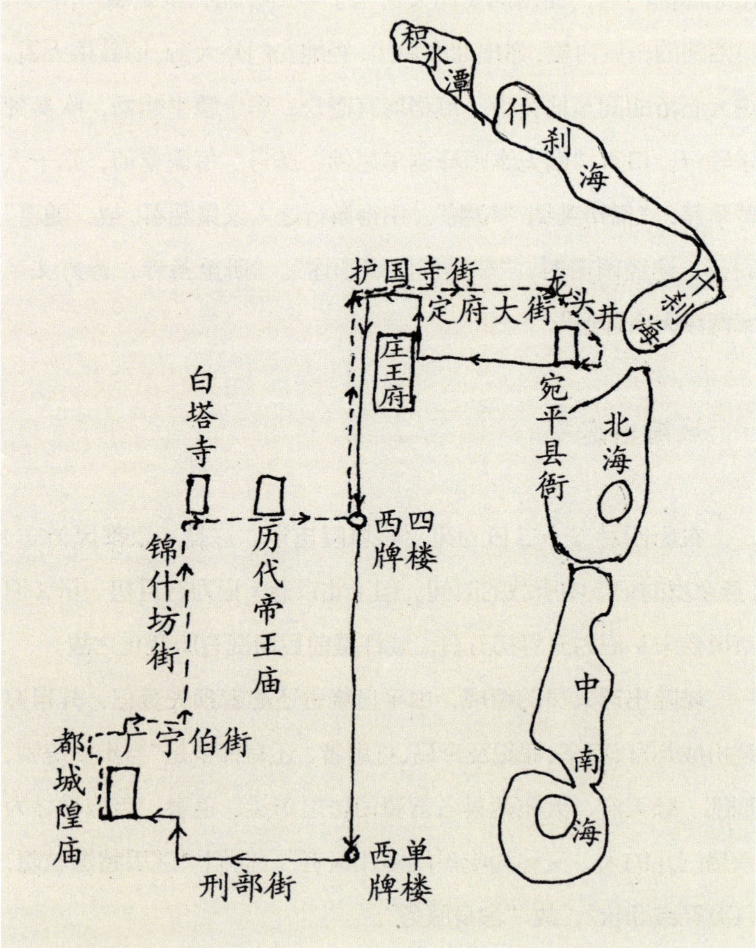

城隍出巡路线示意图

留，向“土地”致敬。据民间传说，土地是城隍的岳父，故应礼到方成。随后，巡行护国寺街，出西口南折西四北大街，过西四牌楼至刑部街，又稍北折至成方街都城隍庙前。大轿进门后，于正殿前参禀后停放在西廊下。各自休息至子夜，重新集合后，“禀辞”回巡。回巡的路线为：经广宁伯街，锦什坊街，阜成门内大街；至历代帝王庙前时，偃旗息鼓，下轿帘，以示下马落轿的敬意；在西四牌楼处北折，护国寺街处东折，经定府大街于龙头井南行，再出三座桥顺北皇城根西折回庙。

城隍出巡时，还有各种香会跟随，有秧歌、五虎棍等，随走随练。沿途围观者甚众，还有焚香跪拜者、预备茶水者。出巡不久，有水自城隍神冠边津津流出。随观群众看到后说是天气太热，城隍爷头上都出汗了。于是，人们争先恐后给城隍用力扇扇子。实际上，城隍爷的出汗，是组织者在出巡前将冰安置于城隍神冠内所致。

该活动至清光绪朝末年停止举行。

荷花市场

农历每年五月至七月荷花盛开之际，开放荷花市场，成为最具人民性的一处消夏胜地。老北京人的消夏纳凉好去处，主要集中在荷花市场、葡萄园、菱角坑和二闸，被称为“四胜”，其中又以荷花市场最为著名。

荷花市场在清末已具雏形。前海西部筑堤分割出西小海后，

荷花市场

逐渐迎来了许多游人。沿堤植柳，堤东宽阔水面植有莲藕，约占全水域的三分之二；堤西种有大片稻田，后改植菱芡实。堤上有小贩摆摊供游人吃喝，随后演曲艺杂技和各种游艺的也进驻此地。几年间，这里已是热闹非凡。据清光绪三十二年（1906年）刊印的《燕京岁时记》载："什刹海俗呼河沿（按：指该长堤，亦指随后出现的设于堤上的荷花市场），在地安门外迤西，荷花最盛。每至六月，士女云集，然皆在前海之北岸。他处虽有荷花，无人玩赏也……凡花开时，北岸一带风景最佳：绿柳垂丝，红衣腻粉，花光人面，掩映迷离，真不知人之为花花之为人矣。"其南靠北海皇家御苑，东临地安门外商业闹市的地势环境及交通、人流的优越之处，加上风景宜人的什刹海风光，尤其是"城中纳凉好去处，清风徐来暑气消"的这一避暑胜地，成为城中人们流连忘返的上选之地。正如光绪三十三年（1907年）出版的《天咫偶闻》所说："然都人士游踪，多集于什刹海，以其去市最近，故裙裾争趋。长夏夕荫，火伞初敛。柳荫水曲，团扇风前，几席纵横，茶瓜狼藉。玻璃十顷，卷浪溶溶。菡萏一枝，飘香冉冉。想唐代曲江不过如是。”

曾任北洋政府大理院院长、修订法律馆总裁的余棨昌，在1941年著《故都变迁记略》中写道：“十刹前海，万柳沿堤，风景绝胜，昔为夏日游客载酒嬉游之地。”“昔日荷花最盛，为消夏第一胜地。”

光绪二十六年（1900年）八国联军侵华时，曾一度萧条。光绪三十四年（1908年）光绪、慈禧先后死去，民间遵旨辍乐，荷花市场的游艺场停业，但商贩活动有增无减。久而久之这里便成了市场。据金受申先生在《老北京的生活》一书中所讲，这里开办市场是1916年的事。叫荷花市场是因为水中有荷花及市场营业的季节又正值荷花盛开之时而得名的。有的茶肆、食摊半探出于水面上，由插在水中的立柱支撑着，食客坐于棚中伸出手去便能触摸到河中亭亭玉立的荷花荷叶。

早年，北京人对来北京旅游而不到荷花市场的人会说你是白

荷花市场风情画

来北京一趟，可见荷花市场在北京人心目中重要到何种程度。到荷花市场，一是品尝风味小吃，二是观赏民俗文娱。

荷花市场上的风味小吃颇多，集中于堤上小桥以南路东。比较著名且具代表性的有荷叶粥、八宝莲子粥、灌肠、黄白枣年糕、扒糕、油酥萝卜丝饼、褡裢火烧、炸油条、豆腐脑、豆面糕、驴打滚、爆肚、艾窝窝、烫面饺、豌豆黄、栗子羹、豆汁、八宝茶汤等。其对面席棚是茶社，时人称“水座”。还有卖现挖现摘的什刹海产的鲜藕、鲜菱角、鲜鸡头米的，集中于市场北口，称为“藕局”。

文艺活动有京韵大鼓、梅花大鼓、单弦、双簧、评书、相声、拉洋片等等。市场东北面的一小片空地上，还有套圈的、耍猴的、摔跤的、变戏法的等杂耍棚子。棚子对面，会贤堂饭庄楼下有个毽儿谭拉起的卖艺场，毽子可以落在自己手指或身体各处，从不错位，不时博得楼上楼下一片喝彩。还有一个卖自己捕来的麻雀、燕雀的“鸟孙”，供在饭庄办生日的“寿星老儿”“买鸟放生”，以表“好生之德”。市场南口，还曾有过大型马戏团，进行驯兽、跑马、杂技等表演。

市场上还有卖古玩、字画、书刊、唱本、小手工艺品的，以及卖蝈蝈、知了等孩子们喜爱的玩物的。

据当年在荷花市场上搭棚设摊的老人们回忆：到荷花市场的人以平民百姓居多，有头有脸的人物也不少。其中有：清末摄政王载沣（1883—1952），常到“小西湖”（茶馆字号）喝茶，茶后吃几个枣泥馅的油酥饼；京剧名票、别号红豆馆主的溥侗（1871—

1952），著名画家溥心畬（1896—1963），隔稻田西边就能看到乐家花园大红门（今郭沫若故居）的主人、人称乐十三爷的达仁堂东家，京剧界名家梅兰芳（1894—1961）、杨小楼（1877—1937）、王瑶卿（1880—1954）、谭富英（1906—1977）、言慧珠等，四大名医之一的孔伯华（1885—1955），“鼓界大王”刘宝全（1869—1942），政界要人孔祥熙（1880—1967）等。

荷花市场最热闹的一天是每年阴历的七月十五日，因这一天什刹海举办盂兰盆会，引来了更多的人前来观看烧法船、放河灯。之后，延至八月初一日拆棚收市。

1928 年的国民政府南迁、1937 年后日本侵略军的占领、1945 年后国民党政府统治时期的物价飞涨，以及多年来未加管理维修造成堤岸塌陷，淤塞严重，荷残柳败的什刹海的衰落破败，都使荷花市场日益衰落。

中华人民共和国成立后，1950 年荷花市场停办。1951 年西小海建成了游泳池。后来又填平盖楼，建成北京市什刹海业余体育运动学校。荷花市场也就变成前海西岸了。

前海西岸

经过中华人民共和国成立初期的对什刹海的疏浚工程后，水面扩大，河底加深，湖面如镜，什刹海获得了新生。但遭“文化大革命”的10年动乱，什刹海也遭到了严重破坏。中共中央、国务院对《北京城市建设总体规划方案》的批复发表后，西城区人民政府提出了整治什刹海风景区的方案。第二期工程后，前海喷泉、岛亭，前海北部水榭堂台建筑潭苑水院，前海南岸设计精巧的中国书画报社的茗苑等景点建筑，使前海风景增色不少，又成了北京市民和中外游人喜爱的游览胜地。

在改革开放春风的吹拂下，在前海风景焕发青春的基础上，荷花市场停办40多年后于1990年8月1日重新开市。在南临平安大街处，竖起了典雅的牌楼，上面悬挂启功先生题写的“荷花市场”匾额。后来，管理者出于保护什刹海水质的考虑，撤销了饮食摊点，改成古玩市场。

1999年8月7日，在荷花市场南端开辟码头，8艘仿汴京古船下水,开始了“好梦江南”橹船游览活动。游船长7米,宽1.7米，依照《清明上河图》中船形打造。此后，船上又增设弹琵琶、吹笛小姐的伴奏。还增加“放河灯”活动项目，游人将一只只小纸船内的一小截蜡烛点燃后放入河水中，在水天相映的画面里，湖面飘荡的灯火与天上的星光交辉成趣，让人流连忘返，别有一番情趣。

2000年8月，将30多棵树种、120多个品种的盆景移入前海小公园内，使占地3500平方米的小公园改造成盆景艺术苑，成为全市首家城区盆景艺术展览场所。

好梦江南水上游码头

2000 年 10 月 1 日前，前海以及后海的沿湖人行道铺装垂花状庭院灯竣工，使环湖夜景增添了一道亮丽的风景线。

在什刹海整治方案中，清华大学师生精心设计了美好蓝图。其中，在前海西岸原荷花市场处，设计了一座具有中国古典建筑的多种风格的建筑群体——“天街”。2002 年房修二公司古建公司设计的一座精美的仿古楼层式“天街”出现在人们面前。9 月 28 日举行了开街典礼。游人登楼眺望、观荷赏景、品尝风味、畅叙情思，胜似一处比历史“更上一层楼”的佳境。

2002 年，为局部重现昔日的荷花盛景，从白洋淀精挑细选 300 株荷花移种于前海西岸荷花市场前。由于刚刚清完淤，为了不影响游人赏玩视觉效果，先将荷花栽种在花盆里再放入水中。

浴象、洗马

农历六月初六日，在什刹海举行浴象、洗马活动。

该活动始于元代。据《析津志》记载，“象房在海子桥金水河北一带，房甚高敞”。到六月初六时，便在海子进行浴象活动。元泰定朝翰林院直学士宋褧（1292—1344）留有《过海子观浴象》诗：“四蹄如柱鼻垂云，踏碎春泥乱水纹。鸂鶒鵁鶄（即紫鸳鸯和池鹭）好风景，一时惊散不成群。”至明、清时，浴象改在宣武门外西闸，此处离宣武门内的驯象所很近。

过去，有人称西海为“洗马坑”。是因为此地曾是洗御马处。这也成为西海夏日的一个景观。

元时，当过郡守又能诗、能画的朱德润（1294—1365）曾写

浴象图绘

过一首《西海子观内厩洗马》的诗：

黄云洒雨沙场秋，滩高水平凝不流。
晓霜袭透苍驼裘，圉人浴马津水头。
绿骠连钱双骅骝，日光射波脂腻浮。
青丝脱鞚黄金钩，轻爬短刷湿未收。
三花剪鬣平且柔，筡云骏气将无俦。
束刍斗豆岂马羞，茫茫丰草生林丘。
霜蹄胡为踏长楸，振鬣一跃期天游。

该诗描写了元代宫中养马官（圉人）在西海子洗御马的情况。

明末清初人贺世寿，曾任过户部主事，他写的《漫园水次看洗马》，描写了当时中官（宫中养马太监）洗御马的情形：

风吹鸾旂竞水涯，珠缨玉勒烂成霞。
嘶云意似矜阊阖，历块姿将傲渥洼。
银汉房星光上下，瑶台神骏影参差。
惊澜沫喷揉文毂，浅岸蹄骄蹴落花。
天厩承恩余意气，中官衔命亦光华。
晚归紫翠前山乱，几队横穿柳陌斜。

清末，樊彬的《燕都杂咏》中有首诗写道：“古潭连内苑，御马洗清流。夹岸人如蚁，争看独角牛。”诗后有注：“德胜门内积水潭，伏日洗御厩马，末有独角青牛。”这一少有的稀罕物，引来人们争相观光的目光。

据《燕都游览志》载：“每岁六月六日，中贵人用仪仗鼓吹导引，洗马于德胜桥之湖上，三伏皆然。”

北京的夏日天气炎热，家畜洗澡以降温。但皇帝的御马，洗澡也要挑个好地方，而且不能草率行事，要有仪仗鼓吹等仪式，以区别于“凡兽”，亦显示出尊贵。

据说，每年夏日三伏天到来时，在西海北岸搭起高高的彩棚，宫中的御马全都被赶到积水潭内。马身上披着锦袱彩绸，皇帝骑过的马也得有别于其他马，要披着绸绣龙单被。群马在仪仗的导引下跃入湖中，顿时碧波翻滚，蔚为壮观。岸上的游人熙攘拥挤，争相观看，热闹非凡。

这一浴象、洗马活动，至清光绪朝末年停止。

祭祀火神

农历六月二十二日，在什刹海畔的火德真君庙举行祭祀火祖诞辰活动。

此活动始于明天启元年（1621年），明熹宗命太常寺官以是日祭祀火德真君，此后每年这一天火神庙都举行盛大法会。地安门外火德真君庙是北京火神庙中最大的一座，香火很盛。做道场时，道士身穿道袍、披法衣，手执乐器或法器，住持手执如意，举行诵经、祭拜、奏乐等仪式，往观的人颇多。

慈禧像

据说有一年，慈禧太后到火神庙去降香。老远闻见馨香馥郁之味，便问总管太监李莲英，得知是火神庙对面一家专门经营灌肠的小吃店——名叫福兴居灌肠老铺内飘来的香味，便面谕降香后品尝。掌柜的知道后，赶紧张罗起来。又是黄土垫道、净水泼街，又是到绸缎店撕黄缎子铺座位，还临时和太监学习见驾礼仪……忙得不亦乐乎。可半个时辰后，庙中小道士传告："送到庙里去。"掌柜的又急忙将20多盘精心制作的灌肠装进提盒送至庙中。慈禧品尝后很是惬意，随即赏了银子。此后，慈禧常派太监来买灌肠，还给福兴居颁发了准许世代相传、永久经营的证书"龙照"。

观莲赏荷

农历六月二十四日是荷花生日，人们常有相约到什刹海观莲赏荷的活动，名为观莲节。

前海荷花

元代诗人、画家赵孟頫就有“家近荷花似锦湖”的诗句。明代什刹海成为京都第一旅游胜地，观莲赏荷开始流行。夏日到什刹海观荷成为士大夫不可或缺的节目。明嘉靖朝进士、陕西按察副使刘效祖有首《净业寺看莲》诗：“杖履吾何适？逢僧曲水边。三乘开宝地，六月涌金莲。雨过尘心净，风来爽气偏。浮生闲自惜，不是为逃禅。”

入清以后，观莲赏荷的诗作大大增加。有数十篇诗文加以描述，占总数的十之二三。清道光二年（1822 年）进士张维屏（1780—1859）的七言律诗《黄霁青太史招二十四诗人集李公桥（即李广桥）酒楼，为荷花贺生日有作》记下了当时的情景：“凉入田田净绿铺，小楼吟眺慰羁孤。名花寿自能千古，美酒豪应尽百壶。东观神仙同翰墨，西涯风月为榛芜。烟波抛却空留滞，惭愧吾家老钓徒。”

民国时期，仍有此项活动举行。如清光绪朝进士、曾任布政使的樊增祥（1846—1931）于 1930 年写有《荷花生日诗并序》：“庚午（1930 年）观莲节，鹤亭召集于什刹海，为荷花寿，弢斋前辈本拟还津，缘是又留二日，是日座客逾二十人，夕阳始下，炎暑如蒸。入夜酒阑，稍受风雾，而客已寥寥矣。余独与释戡、缨蘅、鹤亭夜分始归，赋诗志盛，并送前辈东行。”下选其七律二首：

花朝已祝百花生，又见群真聚碧城。
香稻抱孙兰抱子，鸡头称弟藕称兄。
女仙彩袖倾霞盖，公子金衣奏玉笙。
齐为玉卮公主寿，鸳鸯福禄在瑶京。
生日观音荐碧芳（酒名），嘉莲衣钵接兹航。
根尘俱净心先净，花叶皆香水亦香。
君子长生骄嶰竹，女郎艳体薄秋裳。
晓偕龙女朝南海，仙从都骑紫凤凰。

盂兰盆会

盂兰盆会在每年农历七月十五日的中元节举行。

梵文盂兰盆（Ullambana），意译为“救倒悬”，源于《盂兰盆经》目莲救母的故事，后引申为为死者祈“冥福”而礼佛斋僧并施舍食物。

盂兰盆会，是僧俗均可参加的盛大佛事活动。据说，自南北朝梁时这个活动便开始盛行起来。由最初的斋僧、拜忏、放焰口，发展到超度无家的亡魂，后来又逐步演变成带娱乐性的一种民俗活动。

法会仪式结束后焚化的法船

北京的盂兰盆会活动，早年间是在什刹海举行的。据《燕都游览志》记载："中元夜，寺僧于净业湖边放水灯杂入莲花中。游人设水嬉，为盂兰会，梵呗钟鼓，杂以宴饮，达旦不已。"每当举办盂兰盆会时，开坛前先在广化寺山门贴出"祈建盂兰道场"大字，向施主募化资金，并张贴黄榜召请各界孤魂同赴法会。然后，什刹海南岸便高高搭起席棚大办佛事，岸边上摆出一只纸糊的大楼船，船上有许多僧众。午前由寺院最高职位的首座或方丈讲经，午后由僧众诵经。是日，许许多多的善男信女赶往广化寺前放生。还有许多的游人到大楼船上观看带有故事情节的一组组立体图画展览。黄昏后，前往观看的人们花钱买盏灯点燃后轻轻放下海去任其漂泊。此谓放河灯，是盂兰盆会的重要活动内容。《帝京景物略》曾有明末放河灯的记载。隔岸观赏湖面上的盏盏"河灯"的人也不在少数。那钉在木片上的纸制莲花中间插着一截蜡烛，点燃后照得莲花通明，荡漾在湖面上犹如江上的渔火，天上的繁星，既好看又有趣。

到了晚上，在僧人们奏起的佛教音乐和诵念的《往生咒》的

放荷灯

经文声中，将那庞大的纸船送下水并点燃，是谓“普度众生”，被救者可“往生极乐”，盂兰盆会活动达到了高潮。

除水上活动外，还有陆上活动。这主要是备受孩童们喜欢的活动。手提篮式纸扎的“莲花灯”的孩童们三五成群，沿海边或转街游乐。还有的举着点燃蜡烛的长柄荷叶。更有出奇者，在蒿枝上缚上香头数支点燃后高擎手中，远看如火树、如流萤。儿童们还一边玩一边唱：“莲花灯，莲花灯，今天点了明天扔。”（《京都风俗志》）

至夜阑之时，广化寺大雄宝殿前仍然是香烟缭绕、钟鼓齐鸣，此时正达到放焰口的高潮。这个仪式，是指僧徒设斋向饿鬼施食（即由正座和尚抛馒头块儿）使其得以超度。

1988 年 8 月 26 日至 28 日（阴历七月十五至十七日），举办了北京国际旅游年什刹海荷灯游园晚会，分为陆地和水面活动两部分。陆地活动在什刹海儿童乐园内举办“荷花红”文艺晚会，北京京昆艺术团、中国戏曲学院、中国歌舞团、北京曲艺团、中国木偶剧团、北京群星艺术团等演出了京剧、折子戏、曲艺和歌舞等传统文艺节目。水面活动在儿童乐园沿岸，向北延伸 100 米，东西 250 米的范围内，设置固定式莲花造型大河灯 100 盏，每天放流动性小河灯 500 盏至 700 盏；同时展出传统大法船一只，长 15 米，高 5 米，船内放佛乐，供游人进入观看；还扎制小彩船在河内划动，既做装饰又兼救护，并在河上燃放花炮。这次活动再现了中断 40 年的老北京什刹海举办观法船、放河灯的民俗活动。

2001 年，广化寺举办盂兰盆会，引来参加第二十一届世界大学生运动会的诸多外宾观看，人们在夜幕下荡舟于什刹海，伴随着中国导游小姐婉丽清扬的琵琶声，将一盏盏河灯放到湖面上，形成月光下灯影飘荡的诗情画意。

德内果子市

农历八月是果子节，位于德胜门内今鼓楼西大街的果子市成为老北京南北两大果子市的北市。

该市形成于清后期。街上有天德、万顺、楼店、清全等果行，凭清政府发给的“龙帖”（又叫“牙帖”，即营业证）给买卖双方定价、过秤。在 13 家果店经营中也有霸行夺市的争斗。传说，马家红果店的祖先为争霸，摆出烧红了的烙饼铛，并说“谁要敢坐在上边，

果子市民俗画

谁就专卖山里红”。别人都不敢坐，只有他坐在上边，别人也不敢和他争夺了。从此，马家红果店一直专营了好几代。

每年从春天开始，就有果子上市，直到初冬方罢。夏秋忙时，大街上运“五月鲜”大桃、西瓜、香瓜、甜瓜的马车和小推车整日往来不断。到八月中秋就更忙了，大街两边搭设芦棚，“内设高案盒筐”，上面铺盖着藏蓝色布，把陈列于案上的各色果品映衬得更加鲜亮。卖者高声吆喝招揽顾客，“快买团圆果子来——过节！”到晚上，果品在灯光下红绿相间，非常诱人。八月十五日中秋节前几日，夜市通宵达旦，异常热闹，香气袭人的果品吸引着众多的购买者。

果子市以经营产自北方的鲜果为主，主要水果品种有苹果、沙果、秋果、闻香果、鸭梨、京白梨、酸梨、红白石榴、红白海棠、葡萄、尜尜枣、大白枣、郎家园甜枣、槟子、柿子、荸荠、果藕等，还有南方运来的香蕉、橘子、桂圆等。每个果摊均备有 5 斤或 10 斤装的小柳条筐和小蒲包，筐底垫有增加果品香气的香蒿；装上水果后，上面盖有绿纸以及各商家字号的红色门票，看上去有种喜兴之气。

凌晨就有从后海晓市散场后出来的人们，快步赶到果子市去购买果商卸货时从大筐里掉出来或剔出来的水淋淋的鲜货，价钱极其便宜。

该市于 1949 年后撤销。

重九登高

农历九月初九日为重阳节。

元代，据《析津志辑佚》记载："都中以面为糕馈遗，作重阳节，亦于阛阓（街市）中荚芦席叫卖，如七夕、午节。"

明代，据《帝京景物略》记载："九日，载酒具、茶垆、食榼，曰登高。""面饼种枣栗，其面星星然，曰花糕。糕肆飘彩旗，曰花糕旗。父母家必迎女来食花糕，或不得迎，母则诟，女则怨诧，小妹则泣望其姊姨，亦曰女儿节。"

以上所记吃花糕，即含有"登高（糕）"和"百事皆高（糕）"之意。

明正德进士，曾任鸿胪寺少卿，后被斥为民的胡侍在《九日同诸公登海印寺镜光阁》五律中写道：

钟楼

湖景澄珠阁，云虹度石梁。

行攀双树杪，坐对九华觞。

水抱香城入，山横禁苑长。

凭高不厌晚，待月咏禅床。

清迄民国，据《帝京岁时纪胜笺补》记载：“九日登高，此风行之最久。”“王公百官则在家中园亭假山之上，或到西山或至积水潭之汇通祠。祠在小山之上，山之北有五音坠星石一，玲珑剔透。”“光绪间登高者多至城上，庚子后禁人上城，不能至此登高矣。”“民国以来多上景山及午门楼上，又可上正阳门楼、钟楼、鼓楼，自北海开放，多改上白塔矣。”光绪朝进士、官至湖北按察使的梁鼎芬（1859—1919）在回忆光绪三十四年（1908 年）阴历九月九日与张之洞、陈曾寿等在广化寺参加重阳聚会的诗中写道：

去年九日寻常会，谁谓今朝是隔生。
赐食御筵恩未远，题糕僧阁事初成。
悲风落叶惊壮气，围坐深悲有泪声。
天上人间应不阻，暝钟摇树百回情。

冰上活动

什刹海在一年四季里，都各有其美景吸引人们流连忘返。俗谚说“一九二九不出手（也有“相逢不出手”说），三九四九冰上走……”在冬天，什刹海以其冰上的活动，让人感受寒冷天气中的乐趣。

据《倚晴阁杂抄》记载：“凌床，今京师在处有之，一人挽行，滑如帆驶。闻明时积水潭尝有好事者联十余床，携都篮酒具，铺氍毹其上，轰饮冰凌中，亦足乐也。”明崇祯朝进士、与于奕正合撰《帝京景物略》一书的刘侗（1594—1637），在他写的《醉

冰上活动

后据冰床过后湖》诗中，记述了醉后飘舞失常态情况下，坐冰床过后海（诗中为后湖）的景况。

冰床，又称冰车、凌床、拖床、冰排子。“以木做床，下镶钢条，一人在前引绳，可坐三四人，行冰如飞”。既能呼吸新鲜空气，又可观赏冬景，别有一番情趣。

在元代，冰床作为交通工具在什刹海上兴起并流行开来。到了明代，除作为交通工具外，进而演化为人们娱乐的工具。明正德年间,一些富人、官僚想出了“冰上围酌”的游戏。即在严冬时，数人围坐于冰床上共进冰上野餐。有时还将数张冰床连在一起饮酒作乐。有的学士诗人，还喜欢在雪后的月夜举行冰床围酌活动。到清代其规模更大。据说，同治年间，举行过一次特大规模的冰床围酌活动。其中有个最大的冰床，是由数张冰床捆绑连接在一起的，造出了 1 丈多方圆的大冰床，上垫草帘、红毡、皮褥子，四周垂着绣花床围，中间置放炕桌，摆着火锅和佳肴。参加围酌的人狂欢不止。《清代北京竹枝词》中对这种冰上活动描写道:“十

冰床旧图

月冰床遍九城，游人曳去一毛轻。风和日暖时端坐，疑在琉璃世界行。”光绪朝满族人富察敦崇在《燕京岁时记》之《拖床》中记载：“冬至以后，水泽腹坚，则十刹海、护城河、二闸等处皆有冰床。一人拖之，其行甚速。长约五尺，宽约三尺，以木为之，脚有铁条，可坐三四人。雪晴日暖之际，如行玉壶中，亦快事也。至立春以后，则不可乘，乘则甚危，有陷入冰窟者，而拖者逃矣。”

冰上活动中，还有一种带有军事性质。清廷有支叫“八旗冰鞋营”的军队。由于这支特种部队清初在黑龙江打过胜仗，为纪念这次胜利，自顺治至光绪朝，每年“三九”的第六天，都要在冰上举行“大阅冰鞋”典礼。每到这天的清早，皇帝率领文武百

冰床旧图

官来到演武厅（距岸约 20 余米的方亭式建筑，与中山公园内宰牲亭格局相同、规模更大；底部为巨大石座，四周围以汉白玉石阶；厅进深 3 米多，厅与岸有白石桥墩上铺木板相连）。参加典礼的队伍脚穿冰鞋，在冰上演习各种阵式，让皇帝和百官们观看操练。光绪皇帝被囚瀛台以后，慈禧太后下令停止了这一典礼活动。除此之外，还在什刹海进行过战前练兵。这是乾隆朝对西北用兵前，因西北地区较为寒冷，为使军队适应冻土作战，而在冰上进行练习，待士兵们适应冰上行动后，再出师作战。

据《什刹海》一书记载：八国联军入侵北京时，皇上及文武百官用于观看“大阅冰鞋”典礼的演武厅被侵略者的炮火击毁，成为水中废石数堆，以后连遗迹也难寻找了。

到了今天，每到冬天时，专有私人租赁者出租冰车，供许多大人和孩子们去玩小型冰床游戏活动。

2000 年 12 月，在前海开办总面积为 2.2 万平方米的大型滑冰场，比往年增加3000平方米。内设冰球区、练习区、速滑区和儿童冰车活动区。为提高冰场质量，还投资5万元制作了大型霓虹灯、音响设备、照明设备和围挡设施。

西寺庙会

农历每月逢七逢八于西寺（护国寺）举行庙会。

庙会又俗称庙市，既是一种特殊的集市形式，又是集宗教、商贸、饮食、娱乐于一体的活动。

据《燕京岁时记》载，西寺庙会盛况与东寺（隆福寺）同等，“花厂尤为雅观，春日以果木为胜，夏日以茉莉为胜，秋日以桂菊为胜，冬日以水仙为盛。至于春花中的牡丹、海棠、丁香、碧桃之流，皆能于严冬开放，鲜艳异常，洵足以巧夺天工，预支月令”。《旧

西寺庙会

都文物略》中记有“护国寺之藏香青果”，“属特有”。《藤阴杂记》记其“百货杂陈，目迷五色，王公亦复步行评玩”。《京华梦录》写道：“浮摊多附庙会”，“而以售卖假冒古董者为尤伙。破瓦碎铁，莫不签标秦汉，偶有珠玉玩饰之属，亦惟碱砆乱玉、鱼目混珠而已，购者不察，往往受愚”，“都市有谚，名之曰老虎摊，意以若辈贪婪，不让噬人之虎也”。

据老人们对护国寺庙会的回忆，逛庙会的人一进东门便看到蓝布棚帐的“年糕张”，铺着蓝布的货案上摆着各种北京风味小吃，按季节供应，品种有小枣年糕、炸糕、炸什锦、江米藕、驴打滚、艾窝窝、蜜排叉及各种细馅元宵等。一直走到最后的院落，沿途都是卖小吃的。卖扒糕凉粉的，摆一个油漆的大案子，上面摆放酱油、米醋、麻酱、芥末、辣椒、腌红萝卜丝、生蒜泥等佐料，案前放长凳供人坐食。卖爆羊肉、饸饹的用独轮车经营。还有卖爆肚、茶汤、油茶的。夏天，除卖酸梅汤、汽水的，还有卖雪花酪的。夏末秋初，有鲜莲蓬、白花藕应市。深秋卖大串山里红（红果）的，用线把山里红穿成2尺多长的串，身背胳膊挎着，口中吆喝着“卖大串山里红”，边走边卖。还有卖豆汁、豆腐脑、棉花糖的。后院卖灌肠，人们称之为“灌肠院”，院内烟气蒸腾，油香四溢，一个个支起的遮阳伞下，坐着吃灌肠的人。卖灌肠的把灌肠用刀片成片，放在铛上，用油爆焦，盛在碟内浇上带有蒜泥的咸汁，用竹针叉着吃。

庙会里卖儿童玩具的也很多，尤其是春节期间，成了玩具行业的旺季，风筝、空竹、风车、娃娃、棕人、面人、口琴、刀、枪、

庙会情景

剑、戟、噗噗灯儿、玻璃喇叭等等摆满了玩具摊。

卖花鸟虫鱼的应时节会的不同而变换着花样。夏天是卖蝈蝈的旺季，用秫秸皮编成的小笼里，一个小笼装一只蝈蝈，再把一个个小笼穿成串。卖蝈蝈的担着两大串赶庙会，吆喝“买叫蝈蝈”。冬天，蝈蝈装在十分考究的葫芦里，多是有钱人家才买。秋天，有卖油葫芦的，装在柳罐斗子里，口上缝一个布嘴，卖时伸进手去抓出一只，然后装进纸筒里让买者带走，养在罐中。还有吆喝“卖金钟”的，一般是雌雄成对出售。卖蛐蛐（蟋蟀）的较受青年人喜欢，用来斗蛐蛐。庙两侧的旁门是花市，夏季有晚香玉、茉莉花插的大花篮，备受妇女喜爱的玉兰花买后挂在脖子、纽扣上。冬天的观赏花木有迎春、佛手、蜡梅、金橘、水仙等等。还有苹果、海棠、石榴、柿子、李子、杏、梨等树苗果秧。花厂花市卖的金盏、四季海棠、串红、蝴蝶花、艾荷尖等鲜花更是令人眼花缭乱。

卖日用百货的，品种繁多，应有尽有。卖胡盐（刷牙散）的吆喝“开口胃、去恶味，买胡盐哪”。卖香碱的吆喝“买香碱哪”，出售洗脸、沐浴的清洁用品。卖香面的，边吆喝边把麝香、木瓜和瓶装香料配成一包一包地卖，为吸引游客买，还不时抓把香面，吹向观众，香味扑鼻。卖坤鞋的排成一溜儿。卖男鞋的在地上铺一领席，摆开各式各样的鞋，卖鞋的人手拿一根长杆，买者要哪双，卖者就用长杆挑给买者试穿，人们戏称这为“竿挑”斋。还有卖估衣的棚子，卖妇女用品、首饰、绢花、纸花的地摊。卖布的摊子拉着布棚，一字排开十余家。卖洋袜子的用的是玻璃货阁货柜。卖乐器的主要卖京胡、二胡、乐琴等，还有自做自卖胡琴码的老艺人。卖唱本的则用一张苇帘横穿一根绳，放在地上，插些用粗纸石印的唱本，有时也能买到前朝的“子弟书”。

庙会上，还有各种曲艺杂技演出。有“大金牙”的拉洋片，有“云里飞”表演的滑稽二黄，白玉山在蹦蹦戏的戏棚中演出的莲花落。梆子戏棚周围圈上白布帐子，进门收钱，收钱人嘴里吆喝着演出的剧目，较受欢迎的有《三娘教子》《天河配》等。摔跤和耍中幡的也拉起白布棚做场子，周围是板凳，正面放张钱桌，搁着放钱用的钱板。后院有人称“小常”的说相声，说之前先在地上撒沙子写字以招徕听众。还有要叉的、耍坛子的、练杠子的、踢毽的、抖空竹的。一位老艺人吹双管，既用嘴吹，也用鼻子吹。

西寺庙会，自清雍正朝兴起繁盛，到民国后期逐渐衰落，1960 年停办。

后海晓市

晓市，是官名儿，老北京又称为“鬼市”，是说买主儿是穷鬼，卖主儿也是穷鬼或穷恶鬼。老北京人脾气好时慢条斯理地叫它“晓——市儿”，穷急饿吵时就叫它鬼市。

后海晓市，是 1932 年以后从德胜门外迁至后海西北角（摄政王府西墙外）的。据《旧都文物略》记载 :“旧京地幅辽阔，官设市场，以利民众。而东、西两市场之外，更有晓市之设。每值鸡鸣，买卖者率集合于斯，以交易焉。售出半为骨董，半系旧货，新者绝不加入。以其交易皆集于清晨，因名晓市，或谓鬼市，亦喻其作夜交易耳。俗呼小市，误。旧传，此项市场非官设，缘有世家中落，思以动产易米柴之资，复耻为人见，因于凌晨，提携旧什物，至僻处兜售，遂相沿成市，故至今晓市仍多在僻处。”据说，清末的贝勒载涛也在晓市摆过摊。

又据清佚名《燕台口号一百首》中“乍听鸡鸣小市齐，暗中交易眼昏迷。插标人去贪廉贱，一笑归看假货低”之描述。鬼市之称除交易时间在天明之前外，还有所售物品中颇有来路不明及

鬼市
早年间北京的鬼市有
南北两市，南市在崇文门
外东小市，北市先在德胜门
新东北河沿儿，也就是说
北京城里头打鼓的全仗天儿
里在小市摆摊。
仁
丹
府
舊鞋

晓市民俗画

以假货骗人钱财的含义。

晓市的开市时间，在鸡叫头遍时（约凌晨4时左右）。届时，后海西北岸一望无边，鬼火或明或暗，人们挤来蹭去。卖者除几家旧货铺及几处常摊外，多为白天“打鼓儿”收货后稍加整理的古玩、字画、珠宝首饰、木器家具、旧衣物等来此出售者，也有急等用钱的而将家中旧物拿来出售的普通市民。买者除普通百姓及访古汲粹的雅士外，更多的是较为内行、到晓市抓货而被称为“跑晓市的”商贩。他们手提马灯，在地摊前照来晃去，相中某件商品后，用手托起用灯照着细看，想购买时与卖者以手在袖中谈价。

中华人民共和国成立后，此晓市先迁于德胜门内东城根的绦儿胡同。俗谚有“穷德胜门，恶果子市，不开眼的绦儿胡同”。该处专做“老虎活”，即打小鼓的把买来的破旧衣服，拆洗漂染，加上败絮，做成棉衣裤再卖，骗人一时。后来，该市又迁于德胜门外校场口，没过几年即撤销。

文化蕴涵

戏曲活动

元大都建成之后，元杂剧与散曲兴起并进入繁荣时期。海子（积水潭）一带，由于是元大都漕运码头，南来北往之人甚多，“率多歌台酒馆”，上演元杂剧和散曲。当时“名重京师”的女艺人张怡云曾在“海子上”居住，被人们直呼为张海子。许多士大夫和文人，多以与其结识，听其演唱为幸事。散曲作家姚燧等经常到张家，一次席间张怡云演唱了宋人蔡松年作的一曲《水调歌头》。还有一次姚偶言“暮秋时”，有人便让张“续而歌之”，她便应声以北曲，且歌且续道：“暮秋时，菊残犹有傲霜枝。西风了解黄花事……”

《窦娥冤》剧本

据说，被誉为

"编修师首""杂剧班头"（因其常登台演出）的"元曲四大家"之首的关汉卿，其作品之所以具有很强的人民性，与他常常深入到富有平民性和雅俗共赏文化特色的积水潭等处汲取营养是分不开的。他还曾与朱帘秀等在积水潭畔演唱过其创作的代表名剧《窦娥冤》。

关汉卿像

明代，昆曲逐渐兴起。至清代，什刹海地区仍时有昆曲演出。恭王府里有个戏班，不时上演一些昆曲戏目，如以《聊斋志异》中的《大力将军》为题材的昆腔戏等，恭亲王奕䜣去世后该戏班解散。

清末，京剧熔昆曲、梆子、高腔诸剧种于一炉，成为第一大剧种，极受皇室贵胄及平民百姓喜爱。地安门外大街出现天汇茶园、天和茶园等演出场所，名角或科班出身的金秀山、刘鸿升、康喜寿、小马五等曾于此演出过。醇亲王府和恭亲王府内所建的

会贤堂门簪上的"群贤毕至"

会贤堂

戏楼，也常有名伶演戏，称为堂会戏。

清代，八旗子弟中流行单弦“八角鼓”。清廷为便于管理，给演唱者（票友）发放俗称为“龙票”的执照，这些人组织起来叫作票房。京剧盛行后，改为京剧票房。清末的贝勒载涛，就是京城有名的票友，善演“猴戏”《大闹天宫》等。票房活动由唱大段戏扩大到唱整出大戏，甚至彩唱。直至民国年间，票房活动仍十分活跃，票房数量也较清代更多。什刹海地区较有名气的有：位于太平仓附近的公余同乐票房、设于恭王府内的赏心悦目票社、设在德胜门内甘水桥果子观里的果子观票房、设于兴化寺街（今兴华胡同）金继贤宅的兴化寺票房、设在大翔凤胡同武荫棠家中的辛未社等。

民国年间，会贤堂饭庄堂会戏更是名噪一时。会贤堂坐落在前海北沿 18 号、19 号，是一座灰色小楼，占地约 3000 平方

人民剧场

米，建筑面积约1800平方米，共有瓦房、平房100多间。两层小楼雕梁画栋，磨砖刻花，有12开间。临街是大玻璃窗，外装铁护栏。门口马头墙上挂有“会贤堂饭庄”铜牌，大门上4个门簪上分别刻有“群”“贤”“毕”“至”字样。大门里迎面是水磨砖刻花大影壁。影壁前有个大鱼缸。上房院还有戏台一座，供人办堂会戏之用。京剧界大师王瑶卿、杨小楼、梅兰芳、余叔岩等是这里的常客。梅兰芳在其《舞台生活四十年》一书中，对会贤堂描述说：“夏日另有掌灶的，水平和泰丰楼一样。因为它是一家消夏胜地，临河一排旧式的楼，可以凭栏赏荷……楼后面是一座四合院，有个戏台，我在这个台上唱过很多次。”他还提到1936年春夏之交时在北平最后的一次饭庄堂会，“那是盐业银行的经理王绍贤给他母亲做生日，‘富连成’的班底，晚上是‘承华社’的戏，外串余叔岩”。群角汇聚，好戏连台，有余叔岩的《骂曹》、梅兰芳的《醉酒》、尚和玉的《四平山》、李万春的《战马超》等等。但因组织不周，观众过多，中途被迫辍演，令人遗憾。

2003年12月25日，会贤堂被公布为北京市文物保护单位。

民国年间，在荷花市场和护国寺庙会等处，还有演出滑稽京剧的。著名艺人有天桥八大怪之一的云里飞，头上的盔头是用纸烟盒糊的，身穿的行头是用面粉袋做的，并在细竹篾上绑鸡毛当雉翎，常串加噱头博众大笑。还有“大妖怪”刘劭益，既不化装也没行头，一人全包生、旦、净、丑，并自拉胡琴，演出《捉放曹》《失街亭》等剧目。

中华人民共和国成立后，1953年在西海西沿建总政文工团排演场，演出过《万水千山》《两个女红军》《小刀会》《江姐》《洪湖赤卫队》《青年一代》等剧目。1955年在护国寺街74号建人民剧场，许多名角名剧如梅兰芳的《穆桂英挂帅》，张君秋的《望江亭》，裘盛戎的《姚期》，北方昆曲剧院的《李慧娘》，河南常香玉演出的豫剧和上海袁雪芬、徐玉兰、王文娟演出的越剧等都曾在此献艺。1959年，作家老舍以护国寺妇女商店为原型创作的话剧《女店员》上演。

“文化大革命”中，1971年2月在庆亲王府演出过《红灯记》。

改革开放后，1990年曾在前海茗园内成立“什刹海梨园票友剧社”，由著名京剧大师张君秋题写社名，张君秋及著名演员孙毓敏、马淑兰（马连良之女）等名角献艺，红火了一年有余。1992年曾在后海汇通园饭庄成立了汇通同人票社。

诗词活动

元代的诗词活动，以少数诗人不定期游湖赏景吟和为主。元代大书法家、画家、诗人赵孟頫（1254—1322）常来海子游赏，写有《大都红门外海子上即事》《重用韵》等诗，“白水青山引兴多”“游鱼吹浪动新荷”“王乔仙履下双凫”等诗句，既描绘了积水潭的优美风光，又写了游人如织的情况和观赏之情思。他60岁时，与年仅17岁的后生李材（1297—1335）聚在海子畔酒家共酌同吟，结为忘年之交，成为诗坛佳话。赵孟頫在《海子上即事与李子构同赋》七律中写道：“小姬劝客倒金壶，家近荷花似镜湖。游骑等闲来洗马，舞靴轻妙迅飞凫。油云判污缠头锦，粉汗生怜络臂珠。只有道人尘境静，一襟凉思咏风雩。”李同赋：“驰道尘香逐玉珂，彤楼花暗弄云和。光风已转瀛洲草，细雨微添太液波。月榭管弦鸣曙早，水亭帘幕受寒多。少年勿动伤春感，唤取青娥对酒歌。”

赵孟頫像

元代蒙古族诗人萨都剌（1272—？）在《京城春暮》中歌咏积水潭：“京城三月飞柳花，燕姬白马小红车。旌旗日暖将军府，弦管春深宰相家。小海银鱼吹细浪，层楼珠酒出红霞。蹇驴破帽杜陵客，献赋归来日未斜。”在《京城春夕呈宋尚书》诗中有“柳色无端映翠裙，官街车马去纷纷”诗句。

元代的新科进士有吟咏万春园的活动。据《日下旧闻考》记载，“万春园久废，以其地考之，当近火神庙后亭云”，即今前海东岸火神庙稍北处。又据纳兰成德《渌水亭杂识》记载：“元时，海子岸有万春园，进士登第，恩荣宴后，会同年于此。”元延祐二年（1315年）进士，后曾“六入翰林”为官的欧阳玄（1274—1358）作《京城杂咏》诗歌咏万春园“龙笙凤管舞轻盈，步障游看花满城。行到琼林（喻万春园）春更好，新来进士唱名声”。元泰定朝进士宋褧（1292—1344）作七律《同年会》：“临水亭台似曲江，同年人物宴华堂。婵娟笑弄龙香拨，醽醁深涵鸟羽觞。醉后方言频尔汝，座中除目互平章。从来期集输京洛，仍见诗歌播八方。”

著名画家王冕（1287—1359）也常到什刹海游玩，当看到微风吹皱湖面，河上酒船林立的景象时，写诗咏道：“燕山三月风和柔，海子酒船如画楼。丈夫固有四方志，壮年须作京华游……”官至中书省左丞相的许有壬（1287—1364）曾荡舟水面，填词《江城子》[饮海子舟中，班彦功招饮斜街以此答之]：“柳梢烟重滴春娇。傍天桥，住兰桡。吹暖香云，何处一声箫。天上广寒宫阙近，金晃朗，翠岧峣。谁家花外酒旗高。故相招，尽飘摇。我正悠然，云水永今朝。休道斜街风物好，才去此，便尘嚣。”官至集贤阁学士兼国子监祭酒的宋本（1281—1334）在其《海子》诗中描写道：“渡桥西望似江乡，隔岸楼台罨画妆。十顷玻璃秋影碧，照人骑马入宫墙。”

元代，什刹海还曾留有外国文人的足迹。元顺帝至正十四年（1354 年）进士、高丽名诗人李穑，在他的诗文集中就有关于海子的两首诗。其一为《步屧海子旁》：

步屧随长堤，寻凉日将夕。
新荷映沦漪，幽芳吐丛薄。
隔岸好楼台，波间倒红壁。
主人游不归，庭草凝寒碧。
徘徊久瞻望，使我多感激。

明代，什刹海地区由水陆交通的要津、经贸发达的“后市”逐渐变成府邸、名园、寺庙三多的居住游览区后，文人学士参与游赏吟咏的人数渐渐多了起来。明代官至少师兼太子太师、华盖殿大学士的“茶陵诗派”首领李东阳（1447—1516），幼时曾居住什刹海一带,并将自己的故居称作“西涯”（具体地点不可寻，今名“前海西沿”，或泛指中轴线以西的什刹海一带地区），还曾写有西涯杂咏 12 首。他在诗中写海子有“高楼沙口望，正见打渔船”句；写钟鼓楼有“月黑行人断，高楼钟漏稀”

李东阳像

句；写广福观有“飞楼凌倒景，下照清澈底”句；写慈恩寺（海印寺）有“水绕湖边树，花垂石上藤”句；写桔槔亭有“野树桔槔悬，孤亭夕照边”句；写响闸有“青涛夜忽至，汩汩溪流满”句；写杨柳湾有“垂柳隔疏帘，人家住西岸”句；写饮马池有“立马春池上，沙水清可怜”句；写莲池有“秋风吹芰荷，西塘凉意早”句；写菜园有“野人闭门睡，园中青菜生”句；写稻田有“水田杂花晚，畦雨过溪足”句；写西山有“磐石傍幽溪，群峰坐回首”句。李东阳迁至李阁老胡同居住后，常回西涯游览，以“重经西涯”为题写诗数十首，盛赞什刹海为“城中第一佳山水”，留有“山迎杰阁层层见，水绕长桥曲曲流”，“水底楼台天上下，岸边花柳路西东”，“雪满平湖玉镜开，更无波浪与尘埃”，“辘轳声里田田水，杨柳枝头树树莺”等诸多佳句。

被称为明“前七子”的李梦阳、何景明，被称为“后七子”的王世贞（1526—1590），善书画的大家米万钟，既是“后七子”又并称“三袁”的“公安派”文学创始人袁宗道（1560—1600）、袁宏道（1568—1610）、袁

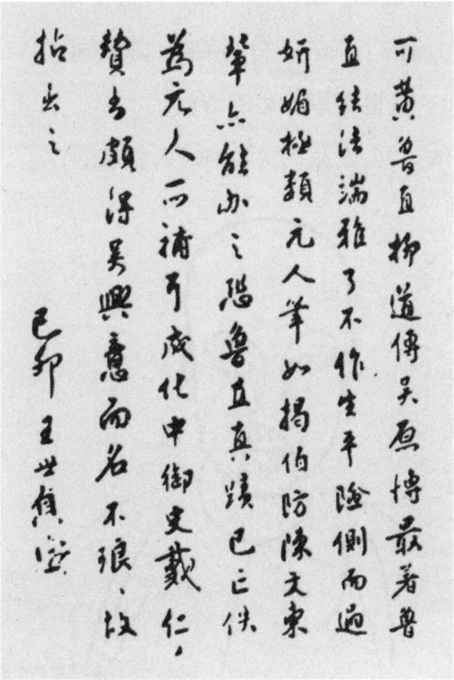

王世贞手迹

中道（1570—1623）兄弟，合撰《帝京景物略》的刘侗（1594—1637）、于奕正（1596—1636），大臣于慎行（1545—1607）、曾棨（1372—1432）以及吴惟英等都曾写诗赞赏过什刹海一带的风景。其中，四季状景佳句有："一曲池台半畹花，远山如髻隔层纱"；"甘雨跳珠千叶上，法云垂绮百花中"；"平桥芦荻萧萧冷，别浦鸥凫泛泛流"；"不是路从银汉转，也疑人自玉壶来"。米万钟是宋代米芾的后裔，明万历朝进士。他在积水潭东建漫园，内有三层高楼阁，登楼远眺，满湖景致尽收眼底。米万钟常邀友人在园中集会赋诗。米万钟《立春漫园社集》诗云："未春期社集，朋至候春齐。晚驾冰嬉左，昏攀阁眺迷。借灯生薄暖，度曲学莺啼。膏雨如留醉，浓荫覆席低。"流传下来的还有刘荣嗣、陈以闻、韩弘达、方逢年、韩霖、刘道贞、贺世寿等人写的诗篇。

明万历朝，又出现了诗词团体。"公安派"文学创始人袁宗道、袁宏道、袁中道三兄弟在崇国寺（护国寺）内的葡萄园结社，取名为"葡萄社"，邀集志同道合者参加。主张革新、反对复古的20余人先后加盟。据袁中道记述葡萄社的活动为："至则聚谈，或游水边，或览贝叶，或数人相聚，问近日所见，或静坐榻上，或作诗，至日暮始归。"从袁氏三兄弟的诗文中，

纳兰成德像

我们可以看到万历二十七年（1599 年）葡萄社的活动主要有 4 次：曲水流觞宴集一次，端阳日集会一次，夏、秋日集会各一次，留下不少具有“公安派”特色的诗篇。

清代，诗人雅集活动的规模、次数进一步扩大。同时，还出现了每月均有活动的诗会。

渌水亭雅集，是清代第一词人纳兰成德与江南文士严绳孙（授翰林院检讨）、陈维崧（为清初阳羡词派主将）、姜宸英（进士）、朱彝尊（清初浙西词派主将）、顾贞观（与陈和朱并称“词家三绝”）等人成为忘年交，常雅聚于后海北岸明珠宅内西园中的渌水亭、通志堂、花间草堂等处诗酒唱和。在严绳孙《秋水集》中收有《渌水亭观荷，次西溟韵》等 6 首诗。陈维崧（1625—1682）写有《齐天乐·渌水亭观荷同对岩、荪友、竹垞、舟次、西溟饮容若处作》词一阕：“分明一幅江南景，恰是凤城深处。野翠罗罗，嫩晴历历，扑到空香万缕……”姜宸英（1628—1699）在《容若邀游城北庄移舟晚酌》诗中写道：“散漫扬花雪满堤，停船只在画廊西。东风底事催归急，不管狂夫醉似泥。”朱彝尊（1629—1709）亦写有《台城路·夏日同对岩、荪友、西溟、其年、舟次、见阳，饮容若渌水亭》词一阕。纳兰成德（1655—1685）写有《渌水亭》诗：“野色湖光两不分，碧天万顷变黄云。分明一幅江村画，着个闲亭挂夕曛。”还有词《秋千索·渌水亭春望》和《天仙子·渌水亭秋夜》二阕。这使渌水亭成为清康熙朝京师的文坛胜地，被后人传为美谈。成德刊行《饮水词》后，一时间曾形成“家家争唱”的情景。

宜亭雅集，是康熙六十年（1721年）进士、《明史》总裁、吏部侍郎留保（字松裔）在积水潭东的园囿中举行的诗文活动，因园中有亭曰“宜亭”而名之。乾隆朝进士、礼部左侍郎钱载（1708—1793）作《宜亭新柳》诗六首，其中一首写道：“宜春亭子面湖西，城上山光扫黛齐。飞翠恰沾东角柳，笼阴浑带北门堤。淡烟染杂浓浓露，双燕穿陪个个鹂。闻道蛮腰催短拍，当筵乞向乐天题。”

修禊和观莲赏荷民俗中亦多有诗词活动。

酒楼诗会，是乾隆朝内阁学士、书法家翁方纲（1733—1818）组织的活动。他家曾居住在清水桥（今柳荫街）附近。据《天咫偶闻》记载：他“曾集二十四诗人于湖上酒楼，每月有诗会，一时群羡为神仙中人”。

翁方纲像

法式善诗龛，是乾隆朝家居什刹海边的翰林院侍读学士、蒙古族人法式善（1753—1813）创建的诗社。《清史列传》描述说：“一亩之宫，有诗龛及梧门书屋，室中藏书万卷，间以书法名画。外则莳竹数百竿，寒声疏影，翛然如在岩谷间。”该诗社曾多次举办规模大小不等的诗画者集会。乾隆五十八年（1793年），法式善41岁得子，诸名士贺者百余人。曾被乾隆帝称为“奇才”

的法式善，每逢荷花盛开之际都和一批知己雅集什刹海畔饮酒赋诗，据其《朋旧及见录》记载，他所联系的新知故交近 800 人，其中为诗龛作画、题诗及参与集会的文友有 200 多人。法式善还请画家据诗意绘画，并同友人一起在画上题诗。嘉庆二年（1797 年）丁巳的诗龛集会上，法式善展示了新作《西涯考》，共同探寻李东阳的故居“西涯”位于何处，还写有“我家松树街，街东李公桥。沙石响清濑，烟绿繁林条。传闻李阁老，曾此衡门侨……”的诗句。

清末曾官至军机大臣的洋务派代表人物张之洞（1837—1909）与统筹“新政”的政务处同仁在什刹海雅集活动中，张之洞曾赋诗，“对岸乔林付爨烟，荷花愈少愈堪怜。虽然不是沧桑事，但惜西涯变稻田”，引发一片感慨。

清末著名小说《孽海花》的作者曾朴（1872—1935）也写有歌咏什刹海的诗句：“平泉水木湛清华，八景鸳湖未足夸”；“数间茅屋开茶社，十里荷塘尽藕花”。

进入民国，诗词活动依然如故。民国初，任过末代皇帝溥仪的师傅号称“状元宰相”的陆润庠（1841—1915），曾在会贤堂组织过一个诗社，取名为“莲花社”。其活动形式，多以修禊为主。1915 年的上巳春禊，参加人数多达八九十人，夏仁虎（1873—1963）在诗中写道：“尺五天边十刹海，一鉴溪光绿于酒。垂杨夹岸初拂衣，小艇平波已行藕。出水行蒲解刺人，冲烟野鹭来寻友。沿堤小步歌踏莎，五五三三各为偶。芳时暂得袯尘襟，曲水遗风今尚有。高楼卓午簪裾集，长揖入门开笑口。主人肃客何殷勤，执耳骚坛今泰斗。新图合影留须眉，小册书名记谁某。相逢礼节名疏略，读画评书咨可否。微词颇闻宋大夫，雅谑欲问东方叟。高谈大睨何纵横，生气时时惊户牖。”1917 年的上巳春禊中，参加之人基本同于 1915 年。罗惊矗写诗歌颂：“长安艰得水，十刹海渌净。春光浓十分，黄鹂更三请。葑满嫩芽长，柳出高枝靓。相从俯清流，安用蹑危磴。”1932 年的上巳春禊，参加者 72 人。

野草诗社旧址

陈宗蕃（1879—1954）诗“世路而今更大难，九边日夜惊鼙鼓。祓除宁为吾侪谋，愿洗甲兵民安堵”。曹经沅（1891—1946）诗“高柳摇窗凫旧青，西山拂槛挹新翠。故知风物了不殊，微惜眼底山河异。坐中归客话辽阳，夜壑俄迁如梦寐。太阿畴遣付群狂，绝好金瓯供破碎。汪侯诗成语最悲，似此不祥竟谁致？诸贤各有征虏感，吾意兴邦基众志。且挽银河洗甲兵，更借清尊收涕泪”。诗中抒发了对帝国主义侵略和国内执政者腐败无能的愤慨。

中华人民共和国成立后，收藏家、词人张伯驹（1898—1982）迁居什刹海，于 1955 年成立并主持“饭后诗钟集”。每月一集，五至六题，每题作二至三联，专采分咏体（以毫不相干两题上下分咏），不用嵌字体；示题7日后收稿汇印、聚饮评诵。张伯驹集白居易句有《科甲翰林·聋子》：“一朝选在君王侧，终岁不闻丝竹声。”黄娄生撰《阮籍·帝国主义》：“何人值得垂青眼，此辈包藏尽黑心。”1958年前后，宋筱牧、溥叔明等人去世，便不复举行活动。

1978年10月，在位于后海北岸鸦儿胡同的作家萧军（1907—1988）居所成立野草诗社，后来成员发展到60多人。自1980年起，该社每年出一册《野草诗辑》刊登成员的诗作。1987年公开发行《野草诗词选》第一集，1993年和1998年分别发行第二集和第三集。

1984年，在弘善胡同6号成立群众文化艺术团体“北京卿云诗书画联谊社”，开展诗书画展、讲座等活动。

1997年4月20日，赵洛、康奉、赵迅、张先得、赵光华诸文士应邀游纳兰成德故园。是日天朗气清，惠风和畅。身在此园，面对此景，座上不禁思念起这位贵胄词人来。他生于斯，长于斯，宴集宾朋于斯，最后仙逝于斯，他和什刹海有着极为密切的关系，可以说是本地区的重要代表人物之一。康奉先生即席赋《春日海子行吟——再访成容若故居》七绝四首：

钟鼓楼西湖柳青，前朝如梦探芳汀。
闻莺闲浦停舟处，来访成生渌水亭。
曾是簪缨棨戟门，倚声血泪有遗痕。
铅华不御犹钟隐，何物雕虫莫并论！
伤心庭树（指其庭院中容若手植之两株夜合树）诉从前，一代风流正绮年。

临履缁尘违夙愿，吹笙人杳竟飞仙。
啸傲长安白发新，神州薪胆酿芳春。
遥怜归鹤乡邦恋，看我征骖驶绝尘。

赵迅先生亦以一阕《祝英台近·游渌水故园并序》应和：春日偶游明相渌水故园，时夜合之花烂开。成德谢世之前七日，曾与诸文士宴集此园，分题咏夜合花诗。今世殊时异，情随事迁，俯仰之间皆陈迹矣。右军《兰亭》，不欺我也。

柳梢青，云山碧，故地神游处。
又见熙朝，渌水西园路。
闲观槛外清涟，烟波荡漾，
相国第，天临尺五。
滢水渌，鱼戏碧叶田田，凫栖惊鸿宿。
逸少当年，叹永和祓禊。
往昔少长咸集，彼时此地，
今方信，菩提非树。

著者按："菩提非树"句源自佛家禅宗的"顿""渐"之辩。

禅宗五祖弘忍要找一位法嗣接自己的班，命弟子各作一偈（哲理诗）。

众望所归的上座神秀作偈道："身是菩提树，心如明镜台；

时时勤拂拭，勿使惹尘埃”。

当时正在厨房碓米的惠能，听了说:“美则美矣，了则未了！”于是也念一偈：“菩提本无树，明镜亦非台；本来无一物，何处惹尘埃。”

从释氏“色即是空、空即是色”的观点来评价，惠能之偈，自然比神秀的要高明一筹。他当仁不让地登上了禅宗六祖的座席。

2001 年 3 月，在中共西城区委、区政府大力支持下，成立“什刹海诗书画社”，当年即举行了庆祝中国共产党成立 80 周年诗词朗读会，翌年又举办了“什刹海风情颂”诗书画展。

匾额楹联

什刹海周边景点中有许多匾额和楹联。

匾额，悬挂或镶嵌于建筑物醒目处。以标明其名号、涵盖其功能，成为中国一种独特的文化艺术形式。匾额多为木制，也有用绸布或石料制成。

葆光室匾

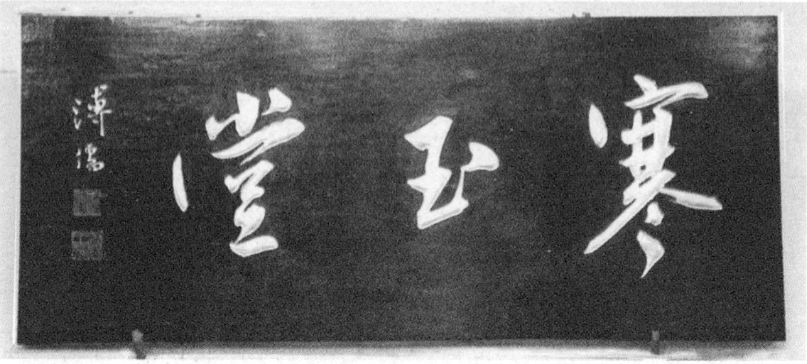

寒玉堂匾

恭王府及花园中有："嘉乐堂"匾额，蓝地金字，据传是清高宗赐给和珅的，但无钤玺，今悬挂于中路院落最后一进正厅（后殿）檐下；"葆光室"匾额，黑地金字，咸丰帝御笔，悬挂于西路中进院落正厅的外檐下；"天香庭院"匾额，褐地绿字，康熙第二十一子慎郡王允禧书，悬挂于锡晋斋和葆光室间的垂花门内；后罩楼东部悬匾"瞻霁楼"，西部悬匾"宝约楼"；"赏心乐事"匾额，墨地金字篆书，近代"东北第一诗人""东北四大书法家"之一

恭王府大戏楼内的匾

寒玉堂

成多禄（1864—1928）书，悬挂于花园内大戏台正面，上下场门还悬“始作”“以成”匾；“寒玉堂”匾额，黑地金字，悬挂于花园内中路最北正厅，末代恭亲王胞弟、画家溥儒（心畬）住园时书；“翰墨茶艺”匾额，1998年时由爱新觉罗·毓嶦（末代恭亲王溥伟之子）书，悬于花园内新建的茶馆处。

醇亲王北府中有：“钟灵所”匾额，系康熙帝御笔，悬于九思堂院正门处，当为明珠宅旧物；“九思堂”匾额，悬于府西路西侧二进院落的北房檐下；“宝翰堂”匾额，悬于府西路西侧一进院落的北房檐下；“任真堂”匾额，悬于府西路东侧一进院北房檐下。

宋庆龄故居中有：“宋庆龄故居”匾额3方，“军旅书法家”舒同所书的黑地金字大匾悬挂于大门口上方，书法家启功所书的匾额悬挂于故居门上方，文学家周而复所书的匾额挂于故居后门墙上；“箑亭”匾额，醇贤亲王奕譞题，悬于假山上一座扇形古亭（俗称扇亭）处；“恩波亭”匾额，篆书，悬于箑亭北部的六方亭处；“濠梁乐趣”匾额，康熙帝御书，悬于四合院南面大客厅（现展厅）门口；“畅襟斋”匾额，悬于四合院北面大餐厅处；“五峰挺秀”匾额，康熙帝御书，悬于四合院北厅后檐；“南楼”及“听雨屋”匾额，为摄政王载沣胞弟载洵（1885–1949）所书，分别悬于故居院内南侧的南楼及听雨屋处；“见远阁”匾额，书画家吴作人书于 1982 年，悬于南楼下；“瑰宝亭”匾额，赵朴初先生所书，悬于 1992 年为纪念宋庆龄诞辰百年而建于故居院内西侧的瑰宝亭上。

郭沫若故居有：“郭沫若故居”金字匾额，邓颖超于 1982 年 11 月纪念郭沫若诞辰 90 周年题写，悬挂于大门口上方。

庆亲王府中亦曾有：“宜春堂”“约斋”“契兰斋”等匾额，分别悬挂于王府西部的生活居住区内奕劻居室、书房、客厅等处；还有“静观堂”“承荫堂”“乐有余堂”“爱日堂”等匾额。

广化寺中有：“敕建广化寺”匾额，上海龙华寺方丈明旸书，悬于山门；徐之谦书“天王殿”匾额，启功书“五佛宝殿”匾额，书法家王遐举书“祖师殿”匾额，刘铁宝书“弥陀殿”匾额，刘炳森（1937–2005）书“药师殿”“观音殿”匾额，赵朴初书“毗卢性海”匾额，分别悬挂于各殿堂处。

汇通祠重建后，山门上石门额书“汇通祠”。

火德真君庙（火神庙）中原有：“隆恩”匾额，明万历帝御题，悬挂于前殿内；“司南利用”匾额，清乾隆帝御题，悬挂于火祖殿；

明万历帝御题的“万岁景灵阁”和清乾隆帝御题的“万寿景命宝阁”匾额，悬挂于皇极殿；“妙统辰枢”匾额，乾隆帝御题，悬挂于斗姥阁；关帝殿有“气壮山河”及“德威昭佑”匾额，玉皇阁有“紫霄香案”匾额；据西城区文物部门同志说，火神庙现正进行修缮，2004 年完工后，殿堂内的匾额及楹联将和游人见面。

“荷花市场”匾额，启功先生书，置于荷花市场南口牌楼上。

楹联，多挂或贴在堂屋前部柱子上。

恭王府及花园中 1998 年新建的“翰墨茶艺”茶馆内有：“日辉雨润云石古树，月影茶香府苑斜廊”楹联，爱新觉罗·兆瑞撰书。

火神庙中火祖殿内有“菽粟并资仁，功成既济”“槐榆分布令，序美惟修”楹联，关帝殿内有“正气钟灵开正觉，神明普佑显神功”楹联。

广化寺中有山门楹联：“烟波淡荡摇空碧，楼阁参差倚夕阳”，为僧人明旸书写；钟楼楹联“晨钟警醒世间名利客，佛号唤回苦海梦迷人”和鼓楼楹联“暮鼓雷音声遍三千界，法雨花香禅院百生晖”，均为张新元撰写；天王殿楹联“四部洲统领诸天大千世界，八功水普施众地不二法门”，由上海玉佛寺真禅法师书；五佛宝殿楹联“道场遍十方无人无我，佛法超三界非色非空”，系启功先生书；五佛殿内楹联“化度众生圆融大小显密世出世法，广播佛音会通古今中外空不空谛”和“宝印高提纵横挂域中日月，莲台稳坐卷舒立方外乾坤”，分别由中国佛教文化研究所所长吴立民及书法家刘炳森撰写；祖师殿楹联“祖意西来二人四行传少室，禅风东播一花五叶认曹溪”，由僧敬彗撰书；弥陀殿楹联“四十八愿普被群机九品接引登彼岸，二十五有日生正信三界同皈度群生”，是山西玄中寺沙门根通撰；药师殿楹联“日光月光佛光，光光互摄，摄入琉璃光；人心天心禅心，心心相印，印在菩提心”，为吴立民撰书；观音殿楹联“默祷现金身不舍大悲示妙相，至心称圣号即蒙显应慰群情”，由北京市佛教协会副会长牟小东撰；藏经阁楹联“玉轴霞条金写字，龙宫海藏散天香”，为镇江焦山寺方丈茗山书；般若堂楹联“开法宇于西方天花散彩，布慈云荫中国贝叶成文”，为明旸法师书；方丈室楹联“定本慧根广化在，金光粟影庆云多”，是海南南山寺圆湛法师撰书；法堂亦有楹联“为众生开智海，依正教转法轮”。

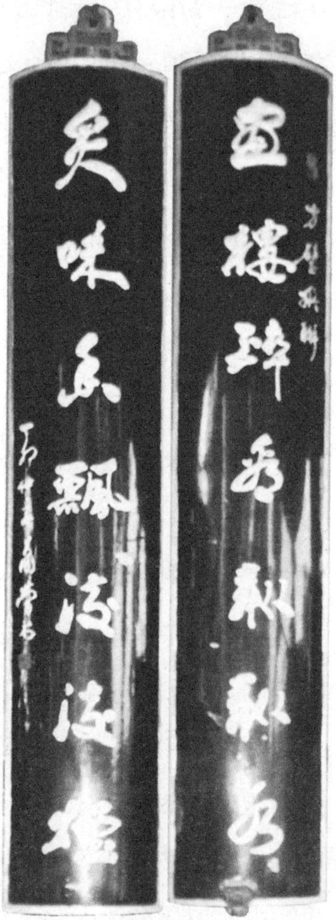

烤肉季饭庄门前有书法家萧劳书写的楹联“画楼醉看粼粼水，炙味香飘淡淡烟”。

书画刻雕

什刹海周边有许多书法、绘画、碑刻、刻石、雕塑作品。有的被珍藏，有的融于景物中，还有的耸立在海边。

书法作品中有名的是《平复帖》，书者是西晋的陆机（261—303），善行、草，时与其弟陆云文才出众，并称“二陆”。《平复帖》是陆机问候朋友病疾的书简，仅留存9行84字。据清成亲王永瑆《诒晋斋记》载，《平复帖》原存于皇太后居住的宫内；乾隆四十二年（1777年），身为乾隆帝生母、永瑆祖母的皇太后去世时，以《平复帖》为“遗赐”物赏给永瑆，收藏于后海北岸的成亲王府“诒晋斋”中；为此，还作记及诗咏之。传至光绪朝，据说恭亲王奕䜣奉旨代管成王府事务时，将《平复帖》携至恭王府“代为保管”，放在“锡晋斋”内。宣统二年（1910年）时，奕䜣之孙溥伟在帖后跋语“仅以锡晋名斋”，并把永瑆《诒晋斋记》和诗抄录于后。1937年，溥伟母去世，溥伟胞弟溥儒为母治丧需款，以4万元将《平复帖》卖给收藏家张伯驹。1956年，张伯驹将此帖捐献给国家，珍藏于故宫博物院。

绘画作品中以《续西涯十二咏画册》《鸿雪因缘图记》和《老北京市井风情画》较有影响。《续西涯十二咏画册》作者为“扬州八怪”之一的罗聘（号两峰，1733—1799）和诗画名家张问陶（号船山，1764—1814），按照法式善《续西涯十二咏》诗意绘制。有积水潭、汇通祠、什刹海寺、净业寺、李广桥、松树街、慈因禅院、虾菜亭、彗果寺、丰泰庵、清水桥及诗龛等12景。

《鸿雪因缘图记》的作者是嘉庆朝进士、河道总督麟庆（1791—1846），图记第三集中有两篇是图记什刹海地区景物的：一是《诗龛叙姻》，绘出了什刹海等寺庙的建筑状况以及岸柳湖波景色，还绘出了树荫下对弈、湖边垂钓及步行骑驴者等民间风情；二是《净业寿荷》，图中湖之南北两岸的高庙与净业寺隔水相望，“南岸土阜隆然，有华佗庙建于上，俗名高庙，洞启北窗，城楼山寺，俨然图画”，室中人倚窗观荷、品茗叙谈，颇有清幽浓趣景色美的意境。

《老北京市井风情画》的作者是居住什刹海附近的画家盛锡珊，20 世纪 90 年代以来画出一幅什刹海的 10 米长卷以及钟楼、鼓楼、德胜门、火神庙、西水关、李广桥、荷花市场、护国寺庙会、都城隍庙烧火判、地安门外大街干果铺的冰灯等 50 余幅作品，展示了什刹海的周边景物风貌和不同民俗风情。

日本画师冈田玉山、冈熊岳、大原东野于 1802 年绘成的《唐土名胜图绘》画集中，也有鼓楼、万宁桥图，由于这几位日本画师“地已不得躬诣，事又不可得亲访”，说明他们并没有亲自来中国，只是根据我国的旧籍（京师部分主要依照吴长元的《宸垣识略》）编绘的，所以书中错失处不少，如鼓楼的形制不合，万宁桥绘成三孔拱桥等。因此学界对此书颇有争议，志记以作参考资料。

碑刻作品在什刹海地区曾有不少，由于历史的变迁，寺庙倾毁后许多碑刻已不得见。还有的碑刻移于他处：时称书中仙手、世称李北海的唐人李邕（678—747）撰书的《云麾将军李秀碑》，曾藏于明宛平县署（今地安门西大街 103 号），据《春明梦余录》记“后移京兆署中止二础，其四础传谓万历中王京兆惟俭携去汴中”。又据《京城古迹考》记“康熙三十一年（1692 年）府丞吴

《诗龛叙姻》图记

《净业寿荷》图记

涵得二石于府署蔓草中，文已漫漶，可辨者才数十字耳，因移甃文丞相祠，详涵所作断碑记。今信国祠（即文天祥祠，东城区府学胡同 63 号）现甃二础于壁”。瑞应寺《康熙皇帝御制诗碑》及今存 212 方的清成亲王永瑆书《诒晋斋法书》现被收藏于北京石刻艺术博物馆。今什刹海地区的碑刻作品有：恭王府花园秘云洞中石壁上镶嵌的康熙皇帝御书“福”字碑；1986 年复建汇通祠时，将原立于汇通祠山门内的《乾隆皇帝御制诗碑》，又回归立于祠北，并加盖碑亭一座；1990 年，书法家杨萱庭书写的《什刹海》刻石，矗立在前海南侧广场上，浅栗色北太湖石面上镌刻“什刹海”填绿大字，将“海”字的偏旁“三点水”依西海、后海、前海的形状变化来书写，再现了什刹海的生态动貌，成为什刹海的一个标记、一个新景点；“万宁桥”刻石于 2000 年 12 月立于万宁桥

云麾将军碑残帖

银锭观山

之南路西处；“银锭观山”刻石于 2001 年 11 月立于银锭桥东南，碑阳面的“银锭观山”为杨萱庭书，碑阴还刻有故宫博物院研究员朱家溍撰写的碑文：“银锭桥位于后海与什刹海之间。据《燕都游览志》云，城中水际看山第一绝胜之处也，俗称‘银锭观

郭守敬塑像

宋庆龄塑像

山’，为燕京小八景之一。明代李阁老西涯先生游慈恩寺诗有‘城中第一佳山水’之句。清代宋荦诗有‘银锭桥横夕照间，依然晴翠送遥山’之句。自明迄清，诗人对此佳景咏赞不绝。一九八四年，旧桥重修，倩曲阳名手精工细作，青白石桥落成，单士元先生题额。属余为记，乃略识数语，聊观览云尔。”“银锭观山”刻石使银锭桥景点的特色更突出、更鲜明，同时也增添了历史文化蕴涵。

雕塑作品中较为重要的有：1984 年 3 月立于柳荫街的《袁满囤塑像》，为半身汉白玉石雕像，上有徐向前元帅题词，由北京建筑艺术雕塑厂制作；1984 年立于梅兰芳纪念馆内的《梅兰芳塑像》，为半身汉白玉石雕像，作者白澜生；1985 年 12 月立于后海南岸小游艺园的做练太极拳状之《后海老人塑像》，为铜铸立像，由北京城市雕塑委员会制作；1987 年 6 月立于郭沫若

袁满国烈士纪念碑

故居内的《郭沫若塑像》，为铜铸坐像，由中央美术学院教授司徒兆光雕塑并由北京计量厂和首都机械厂铸造；1988 年立于“柳荫阁”社区服务中心的《雷锋塑像》，为半身汉白玉雕像，由北京市建筑艺术雕塑厂制作；1988 年立于汇通祠郭守敬纪念馆院内的《郭守敬塑像》，为半身汉白玉石雕像，由曲阳石刻厂刘文祥雕塑；2001 年 4 月 25 日立于北京宋庆龄故居展厅前院内的《宋庆龄塑像》，为半身汉白玉石塑像，作者是中央美术学院教授张德蒂；2001 年 6 月立于徐悲鸿纪念馆院内的《徐悲鸿塑像》，雕塑者为中央美术学院教授张德华。

曲艺演出

清末至民国年间，什刹海地区曲艺演出的场地多集中于荷花市场、护国寺庙会、钟鼓楼之间开辟的民众商场和位于前海东岸义溜胡同路北的同和轩茶馆、位于地安门外大街南端天汇大院中的开明轩茶社等处。

演出的演员和节目有：抓髻赵（赵奎顺）和白玉山唱莲花落（又称十不闲），曾演出《王二姐思夫》《秦雪梅吊孝》和《打面缸》《锔

茶馆内的说书图绘

碗丁》《老妈上京》等节目。金玉泉的京东大鼓，刘宝全、白云鹏、白凤鸣的京韵大鼓，金万昌的梅花大鼓，老倭瓜、架冬瓜（叶德霖）的滑稽大鼓，郭荣山的单弦，大狗熊（孙宝才）的双簧，葛恒泉的快书，常连安、刘德智、聂文治的相声，关学增的北京琴书，天桥八大怪之一大金牙（焦金池）的拉洋片等颇具地方色彩的各种说唱艺术，也极受观众的喜爱。

评书的演出多在茶馆：有品正三（人称品八套）说的《杨家将》《明英烈》《隋唐》《说岳》《绿牡丹》等八套书；张青山说的《后水浒》；金杰华说的《三侠五义》；文福先说的《三侠剑》；群福庆、刘荣魁说的《五女七贞》；文岚吉说的《济公传》；吴阔瀛说的《三国》；李鑫泉说的《雍正剑侠图》；陈荣启说的《说岳》；马阔山、阎伯涛说的《明英烈》等，都非常受欢迎。清末已很出名，与谭鑫培、刘宝全并称艺坛三杰的评书界前辈双厚坪（艺名双文星）所说的《永庆升平》《水浒》《隋唐》等更是座无虚席。陈士和、赵英颇说的《聊斋》，也各具特色与风格，因陈擅长说狐、赵喜欢讲鬼，故当时有“陈狐赵鬼”之称。“小蜜蜂”张秀峰说的《刘公案》，有不少北京的地理掌故和民间风俗，笑料迭出，很受听众喜爱。

民间传说

什刹海地区流传着不少的民间传说。

《沈万三与什刹海》：说的是明成祖朱棣定都北京后，急需大量银两修建北京城。有个大臣为解皇上因银子犯难的烦恼，便将人们传说的明初江南大财主、活财神沈万三的事告诉了皇上。皇上一听，龙颜大悦，立刻吩咐把沈万三抓来。抓到殿上，皇上问他：“你知道哪有金子，哪有银子吗？”沈万三说：“不知道。”皇上大怒，下令打了他一顿。皇上再问，沈万三还是回答“不知道”，又被武士重打了一顿，打得沈万三支持不住了，便喊：“别打了，我知道哪儿有银子。”于是，皇上便命人带他去挖。走到地安门外一块空地时，沈万三用手一指说：“你们就在这儿挖吧。”果然挖出 10 窖银子，每窖 48 万两，共 480 万两。用这笔银子修筑成了北京城。挖出银子的地方成了大坑，后来坑里积水，人们就叫

柳泉居旧景图

它“十窖海”，以后慢慢地演化成什刹海了。

《铸钟娘娘的传说》：见 90 页钟楼。

《高亮赶水的传说》：相传，明初北京城修好后，龙王偷着把城中水井里的水抽干，装进水袋里和龙母一起推着小车逃出了西直门，朝廷的大将高亮骑上快马出西直门去追龙王、龙母把水要回来。高亮赶上龙王后，向车上的水袋猛戳一枪，顿时，山崩地裂一声响，高亮调转马头便跑，后边的洪水滚滚而来，白浪滔天，快到西直门时，一个浪头将高亮连人带马冲进了长河。之后，水势慢慢缓和下来，流入长河一直向东，流进了什刹海。高亮为北京城保住了水源，北京人为纪念他，便在他被淹的地方修了一座石桥，取名“高亮桥”。后来人们渐渐把它叫成高梁桥了。

《牤牛伴主的传说》：见 115 页拈花寺。

《铁影壁的传说》：见 120 页护国德胜庵。

《严嵩为柳泉居题匾的传说》：早年间，一个山东人在护国寺街西口开了个酒馆，用门前大柳树下的甜水井井水酿出了味道醇正的黄酒，渐渐在京城有了名气，但没有正式字号。一天，已被罢官的明代大奸相严嵩沿街乞讨来到酒馆前，手持被抄家后仅剩的一只银碗求掌柜的给他点水喝和饭吃。掌柜的一看银碗，知道此人就是严嵩，便心生一念，取出纸笔，对严嵩说：“给你水和饭可以，但我这个店还没字号，你得给写个字号。”严嵩想了想，提笔写下了“柳泉居”3个大字。从此，“柳泉居”的匾额挂在了酒馆门上。此后，“柳泉居”与东城的“三合居”、崇文门外的“仙露居”，齐名“三居”，以黄酒闻名，时人有“京城三居黄，清香醉神仙”之誉。此“北京黄”也渐与“绍兴黄”“山东黄”相媲美了。

参考书目

《北京志·水利志》,段柄仁主编,北京出版社,2000年11月版。

《宋史》,[元]脱脱等撰,中华书局,1977年版。

《金史》,[元]脱脱等撰,中华书局,1975年7月第1版。

《北京历史地图集》,侯仁之主编,北京出版社,1988年5月第1版。

《元史》,[明]宋濂等撰,中华书局,1976年4月第1版。

《北京传统文化综览》,陈文良主编,北京燕山出版社,1992年9月第1版。

《北京名胜古迹辞典》,宋惕冰、赵迅、刘之光审订,北京燕山出版社,1989年9月第1版。

《清史稿》,赵尔巽等撰,中华书局,1977年8月第1版。

《啸亭杂录》,[清]昭梿著,中华书局,1990年3月第1版。

《骨董琐记》,邓之诚著,北京出版社,1996年6月第1版。

《道咸以来朝野杂记》，崇彝著，北京古籍出版社，1982 年版。

《故都变迁纪略》，余昌著，北京燕山出版社，2000 年版。

《宋庆龄》，宋庆龄基金会编辑，中国建设杂志社，1988 年第 1 版（汉英）。

《宸垣识略》，[清] 吴长元辑，北京古籍出版社，1983 年 12 月第 1 版。

《天咫偶闻》，[清] 震钧著，北京古籍出版社，1991 年版。

《燕都丛考》，陈宗蕃编著，北京古籍出版社，1991 年 10 月第 1 版。

《加摹乾隆京城全图》，北京市古代建筑研究所，北京市文物事业管理局资料中心编，北京燕山出版社，1996 年 2 月第 1 版。

《帝京景物略》，[明] 刘侗、于奕正著，北京古籍出版社，1983 年 12 月第 1 版。

《京师坊巷志稿》，[清] 朱一新，北京古籍出版社，1982 年 1 月版。

《旧京史照》，胡玉远主编，北京出版社，1996 年 5 月第 1 版。

《旧京大观》，傅公钺编撰，人民中国出版社，1992 年（汉英）第 1 版。

《燕都说故》，胡玉远主编，北京燕山出版社，1996 年 10 月第 1 版。

《北京百科全书》，编委会编，奥林匹克出版社、北京出版社，2002 年 10 月第 1 版。

《文史资料选编》（内部资料），西城区政协文史资料委员会编，

1987 年。

《话说北京》，郭德纲编著，中国城市出版社，1999 年第 1 版。

《古都旧景》，[美] 刘易斯·查尔斯·阿灵顿著，经济科学出版社，1999 年版。

《鸿雪因缘图记》，[清] 麟庆著文、汪春泉等绘图，北京古籍出版社，1984 年 10 月。

《燕京访古录》，张江裁著，中华印书局，1934 年 1 月初版。

《析津志辑佚》，[元] 熊梦祥著，北京古籍出版社，1983 年 9 月第 1 版。

《燕京岁时记》，[清]富察敦崇著，北京古籍出版社，1981 年版。

《老北京的生活》，金受申著，北京出版社，1989 年 12 月第 1 版。

《北京市志稿》，吴廷燮纂，北京燕山出版社，1998 年 6 月第 1 版。

《帝京岁时纪胜笺补》，藩荣陛著，北京古籍出版社，1981 年 8 月版。

《诗文荟萃什刹海》，康奉主编，北京出版社，1998 年 1 月第 3 版。

《旧都文物略》，汤用彬、陈声聪、彭一卣编著，华文出版社，2004 年 1 月第 1 版。

《日下旧闻考》，[清] 于敏中等编纂，北京古籍出版社，1983 年第 1 版。

《春明梦余录》，[清] 孙承泽著，北京古籍出版社，1992 年

12 月第 1 版。

《明史》，[清] 张廷玉等撰，中华书局，1974 年 4 月第 1 版。

《舞台生活四十年》，许姬传编著，中国戏剧出版社，1987 年版。

《老北京市井风情画》，盛锡珊绘画，外文出版社，1999 年第 1 版。

《京华胜地什刹海》，北京什刹海研究会、什刹海历史文化旅游风景区管理处编，北京出版社，1993 年 12 月第 1 版。

《京城什刹海》，西城区政协文史资料委员会编，中国文史出版社，2001 年 12 月第 1 版。

《什刹海》，张必忠、什刹海管理处编，北京旅游出版社，1988 年 5 月第 1 版。

《京都风俗志》，[清] 让廉撰，光绪己亥仲春作。

《宛署杂记》，[明] 沈榜著，北京古籍出版社，1982 年版。

《长安客话》，[明] 蒋一揆著，北京出版社，1960 年版。

《京师五城坊巷胡同集》，[明] 张爵，北京古籍出版社，1982 年 1 月版。

《天府广记》，[清] 孙承泽纂，北京古籍出版社，1984 年 9 月第 1 版。

《光绪顺天府志》，[清] 周家楣、缪荃孙等编纂，北京古籍出版社，1983 年 5 月版。

《北京趣闻 1000 题》，岱岳编，中国旅游出版社。

《西城名人故居》，西城区政协文史资料委员会编，1998 年版。

《北京地名志》，[日] 多田贞一著，张紫晨译，书目文献出版社。

《老北京人的生活》，华梦阳、张洪杰编著，山东画报出版社，2000 年 6 月第 1 版。

《北京名园趣谈》，陈文良、魏开肇、李学文，中国建筑工业出版社。

《北京名匾》,齐心主编,北京美术摄影出版社,1996 年 5 月版。

《京都胜迹》，胡玉远主编，北京燕山出版社，1995 年 7 月第 1 版。

后记

2003年末，应市地方志办公室的安排，我开始撰写特色志书《什刹海》图志，被纳入《北京地方志·风物图志丛书》第一辑。这本图志撰写的初衷，是因为本人自幼生长在什刹海周边，对什刹海有一份特殊的情感，恰逢在从事《北京市西城区志》和《北京西城年鉴》的编辑工作，有机会接触更多的关于什刹海的资料，得以搜集与积累“六海”的史料，这为完成《北京什刹海图志》奠定了基础。

对于该书的写作与出版，区委、区政府极为重视，特给予奖励与鼓励。在写作过程中，老领导赵重清先生极为关注，提供了相关的图片资料；文物专家赵迅先生在文字、史料上提出了宝贵意见；市地方志办公室罗保平、谭烈飞先生给予了具体指导；西城区史志办主编王梓先生为本书的写作提供了资料并审改；北京市社会科学院研究员尹钧科先生、中国人民大学教授安清福先生、西城区古建筑研究会理事长刘建康先生及北京出版社于虹女士和张放女士等，均为本书的撰写、出版给予了大力的支持和帮助。

《什刹海》图志出版后，得到了各界读者的喜爱，也得到了各级领导以及本人同事、同学及朋友们的鼓励与赞赏，在此一并谢过。

《北京地方志·风物图志丛书》出版发行已有十年之久。我所撰写的《什刹海》一书经北京出版集团于虹女士推荐，于今年入选《京华通览》丛书。该书资料能再为所用，作为著作人，我深感荣幸。按照丛书的编纂要求，将该书中小部分内容及图片进行了修改和调整，希望能够吸引更多的读者关注此书，关注什刹海。

本人从事修志工作多年，但编写特色志书尚属首次，水平所限，不当之处，在所难免，敬请批评指正。

赵 林

2017 年 11 月